Yves de Saint Jean

Terroirs

L'ALMANACH PERPÉTUEL

ÉDITIONS VINARELLE

Celui qui plante un jardin, plante le bonheur.

proverbe chinois

Quoi de neuf ?

Tiens ! Un nouvel almanach ?

Oui, mais sous la plume et le pinceau lumineux de Yves de Saint Jean, ce nouvel almanach sent bon le terroir.

L'artiste a su conjuguer la remontée dans le temps et la vie au quotidien grâce à la sagesse éternelle des dictons, à la fraicheur des histoires, à la maitrise des recettes, enfin grâce à mille et une trouvailles !

Le tout enrichi de fameuses aquarelles qui enluminent l'ouvrage et traduisent harmonieusement l'imagerie de nos terroirs familiers.

Oui, vraiment, l'almanach nouveau est arrivé !

JEAN BERTIER

Sommaire

Vouloir contrarier la nature, c'est folie ; l'étudier et la suivre pour lui venir en aide, c'est sagesse.

Schwerz

Janvier

Capricorne
21 décembre au 19 janvier

Le proverbe du mois
« Le paysan n'a de grossier que ses sabots ». (Auvergne)

Le premier jour de l'année, c'est un homme qui doit le premier souhaiter la bonne année à la maîtresse de maison : sans cela, mauvaise année au logis.
Autrefois aux étrennes on offrait aux enfants des cerises cuites, des poires tapées, des fouaces ou des petits gâteaux en forme de « père janvier ».

1

Jour de l'an, Sainte Maine
A l'an neuf les jours croissent du pas d'un bœuf

Au gui l'an neuf

« C'était grande cérémonie chez les Gaulois, quand on devait cueillir le gui de chêne qu'ils regardaient comme sacré. Leur chef montait sur le chêne, coupait le gui avec une faucille d'or, et le premier jour de l'an on le distribuait au peuple comme une chose sainte, en criant : « Au gui l'an neuf », pour annoncer la nouvelle année. Selon eux, l'eau du gui fécondait les animaux stériles, et offrait un préservatif contre toutes sortes de poisons. »

M. Bescherelle.

Charade berrichonne

Mon premier indique la place
Mon second est ce que fit Clément, peut-être, pour faire peur
Mon troisième peut séduire à l'œil
Mon tout est un conte

2

Saint Basile, Saint Maxime
Jour de l'an beau,
Mois d'Août très chaud.

La plante du mois

La bourdaine
Excellent laxatif, on peut la récolter l'hiver. Il suffit de détacher l'écorce des tiges et la faire sécher un an, l'écorce fraîche pouvant provoquer des vomissements.
Faire bouillir 10 g d'écorce sèche dans 200 cl d'eau pendant 20 bonnes minutes et laisser infuser à froid pendant 5 à 6 heures. Décanter et sucrer avec du miel et boire le soir au coucher.

3

Sainte Geneviève
Sainte Geneviève ne sort point
Si Saint Marcel la rejoint.

Au jardin

Pour obtenir de belles laitues pommées et trapues qui ne montent pas à graines, une bonne technique consiste à d'abord repiquer en pépinière des plants issus de semis en supprimant la racine pivot. Le plant va ainsi fabriquer un fort chevelu.
Lors du 2ème repiquage définitif au jardin, il suffit de mettre le plant avec sa motte collet à l'extérieur.

Recette de terroir

La soupe à l'ail

Prendre autant de gousses qu'il y a de personnes autour de la table, les éplucher et les mettre dans une casserole avec un peu d'eau de sel et de poivre à feu doux.
Quand les gousses sont bien molles, les écraser pour les transformer en purée aussi diluée que possible,
Prendre des œufs frais à raison d'un pour deux personnes et les battre avec un peu d'eau,
Incorporer une partie de la purée en continuant à battre cette omelette,
Verser le tout dans la casserole sur le reste de la purée encore tiède en remuant,
Ajouter la quantité d'eau nécessaire et laisser cuire à feu doux,
Mettre dans une soupière avec des croûtons frits au beurre.

4

Saint Odilon

Mois de Janvier, mois sans vent est le plus méchant de l'hiver.

Au jardin

Dans les premiers semis sous chassis, réserver une place pour les radis ; recouvrir légèrement les graines et tasser le sol.

Tradition

Les feux follets sont des phénomènes lumineux nocturnes un peu à part pour lesquels il ne semble pas exister aujourd'hui d'explication totalement satisfaisante. On évoque la combustion de matières organiques en décomposition en suspension dans l'air, ou bien des phénomènes de phosphorescence. Ils correspondent à des lueurs erratiques jaunes, bleues ou rouges, qui voltigent dans l'air à peu de distance du sol et que l'on aperçoit dans les cimetières et les endroits marécageux souvent en automne par un temps calme. Dans l'imaginaire populaire, l'apparition des feux follets a longtemps été un objet de frayeur pour les campagnards qui croyaient y voir des âmes en errance.

5

Saint Edouard

Au 5 Janvier, tu sauras le temps de tout le mois.

Les «ventres jaunes» Brennous

Dans ce pays de Brenne au sol pauvre et ingrat, les moines au 16ème siècle eurent l'idée de créer des étangs et d'y développer une pisciculture en les empoissonnant. Ces zones humides, insalubres, favorisèrent une forme de paludisme et est à l'origine du surnom, encore connu de nos jours, donné aux habitants de cette région « les ventres jaunes ». La Brenne « pays aux mille étangs », compte près de 1270 étangs.

Au poulailler

Une étude dans les années 1900 démontrait que sur 100 œufs pondus en juin, 30 conservés dans du son étaient consommables en janvier et 80 dans de la cendre de bois. La réussite est à 100% pour les œufs conservés dans de l'eau de chaux.

6

Saint Mélaine, Jour des rois
Pluie aux rois, blé jusqu'au toit.

Le 6 janvier, à la fête des rois, on tire la fève. Autrefois le fouacier avait du travail car tout détenteur de la fève devait rendre le festin dans la huitaine.

Le langage des fleurs

La clématite :
« Beauté de l'esprit mais aussi artifice et tromperie ».
Ses fleurs sont légèrement toxiques. Les mendiants s'en frottaient la peau pour y simuler des ulcères et exciter la compassion des passants. On l'appelle aussi Herbes aux gueux ou Viorne des pauvres, Vigne blanche et Berceau de la Vierge.

7

Saint Raymond, Saint Hilaire
En Janvier jours croissants,
Sont souvent jours cuisants.

Le musée de la fève

Tirer les rois est une tradition qui remonte aux Romains et c'est le concordat en 1801 qui fixa au 6 janvier la date de l'Epiphanie qui signifie l'apparition.

La légende raconte que la fève serait née avec la fameuse bague de Peau-d'Âne qu'elle aurait oubliée dans sa galette mais c'est au 13ème siècle que l'on retrouve le haricot sec (fève) dans la galette et en 1877 Gottschalk, agent de fabrique allemand, fait fabriquer les premiers sujets en porcelaine. Les années 1900 seront l'âge d'or de la fève.

Un musée original situé à Blain au nord ouest de Nantes regroupe plus de 10 000 pièces en porcelaine, faïence, métal, or fin 24 carats. Tous les ans en mars, un grand marché permet aux « fabophiles » de s'échanger leurs plus belles pièces.

Truc et astuce

Les casseroles en aluminium redeviendront brillantes si l'on ajoute quelques gouttes d'ammoniaque à l'eau de lavage.

8

Saint Lucien,sainte Gudule

Janvier sec et sage
est un bon présage.

9

Sainte Alix, Saint Honoré, Sainte Appoline, Saint Julien

Saint Julien brise glace
S'il ne la brise c'est qu'il l'embrasse

La chasse au Dahu

Autrefois pour occuper les longues soirées d'hiver, on se déplaçait de fermes en fermes ou de maisons en maisons pour organiser des veillées. Devant la cheminée, les hommes jouaient aux cartes, fabriquaient des paniers, énoulaient les noix, les femmes ravaudaient les chaussettes et les fonds de pantalons, on se racontait des histoires.

Un farceur et boute en train arrivait toujours à convaincre un jeunot pour l'envoyer chasser le dahu.

Le dahu est un animal étrange et maléfique doté de pattes de gauche plus courtes qui lui permettent d'être stable dans les endroits pentus. On le traque uniquement la nuit avec un grand sac de toile de jute, armé d'un bâton et d'une poignée de feuilles de chou pour l'attirer.

Le pauvre jeunot qui s'était laissé convaincre revenait quelques heures plus tard, bredouille et transi de froid, en essuyant les rires et les quolibets des vieux qui, autrefois, avaient vécu la même histoire.

10

Saint Guillaume
Beau temps de Saint Guillaume,
Donne plus de blé que de Chaume.

Au jardin

Protégez les souches de rhubarbe sous un lit de paille ou de feuilles voire un pot de fleur retourné.
Pour mars avril, commencez à préparer les terreaux, fumiers et compost en prenant soin de les couvrir de paille.

L'énoulage

Dans les campagnes autrefois, pour occuper les longues soirées d'hiver, on organisait des veillées, de ferme en ferme à tour de rôle pour procéder à l'énoulage. Les noix cassées et débarrassées de leur coque étaient portées à l'huilerie voisine et l'on pouvait se régaler avec les tourteaux frais, le pain dans la poêle et la galette à la poutie. Et après tous ces mets du terroir, pour en activer la digestion, on demandait encore au noyer, une autre pourlècherie : la liqueur de brou de noix.

Quelle temps pour demain

« Si la grive chante en janvier, paysan prends garde à ton grenier ».
La grive, oiseau migrateur, quitte nos régions avant les grands froids. Si début janvier le paysan entend son chant dans les vignes, il sait que le plus dur de l'hiver est à venir.

11

Saint Paulin
Mouche en Janvier,
Fait économiser four et grenier.

La bonne lune au verger

Une belle journée d'hiver bien ensoleillée, en lune montante, est le moment idéal pour préparer des greffons de cerisier et de prunier.
Piqués dans du sable à la cave, ils seront conservés à l'abri du gel jusqu'au début mars sans les arroser.

Saint guérisseur

Gustave Flaubert a tiré un célèbre conte de la légende de Julien. Celui-ci aurait tué par méprise ses parents. Son épouse leur avait donné le lit conjugal pour se reposer. Il pensa qu'elle se trouvait là avec un amant. Fou de douleur, il fit longuement pénitence en venant en aide aux malades. Saint Julien est invoqué notamment pour la guérison de maladies contagieuses.

Truc et astuce

Votre casserole est oxydée, faire bouillir dedans de l'oseille ou de la rhubarbe coupée en petits morceaux.

12

Sainte Tatiana, Saint Arcade
Janvier d'eau chiche,
Fait le paysan riche.

Le rouge-gorge

Une légende raconte que ce jour-là, Jésus enfant, jouait avec un morceau de bois dans l'atelier de son père, Joseph. Un écli de bois s'enfonça profondément dans son doigt. A ce moment un petit oiseau de couleur brune se posa sur la main de l'enfant. il saisit l'écli de bois dans son bec et tira. Il y avait du sang sur le doigt de Jésus qui tacha la gorge de l'oiseau. Voilà pourquoi depuis ce jour, cet adorable petit oiseau qui accompagne souvent les jardiniers porte le nom de rouge-gorge.

13

Sainte Yvette, Saint Hilaire
Soleil au jour de Saint Hilaire,
Fends du bois pour ton hiver.

Dans les vignes

Les mois d'hiver sont les mois de la taille.
Chaque coup de sécateur engage la future récolte et prépare déjà la suivante.
Il faut cinq ans pour faire une vigne productrice, douze ou quinze pour la rendre intelligente et si le vigneron commet une erreur, il en paie le prix pendant quarante ans.

Les plus merveilleuses drogues des chimistes n'ont jamais valu et ne vaudront jamais quelques couples de mésanges, de fauvettes, contre la marée envahissante des insectes destructeurs. Voilà ce qu'on ne sait pas en France et cette ignorance est navrante.

Prince E. D'Arenberg

14

Sainte Nina, Sainte Nomadie
Soleil de Sainte Nina,
Pour un long hiver rentre ton bois.

Tradition

« 99 MOUTONS ET UN BERRICHON ÇA FAIT CENT BÊTES »
L'expression bien connue vient de l'époque où le paysan berrichon devait s'acquitter d'une taxe à des péages, sorte de droit de douane, sur cent moutons. Roublard et malin, afin de ne pas payer cet impôt, le paysan s'arrangeait pour n'avoir à déclarer que 99 moutons. Plus malin que ces paysans un gendarme eut alors l'idée de créer cette formule qui a traversé les époques.

Truc et astuce

Pour éviter que les casseroles attachent au fond, mettre une bille de verre au moment de la préparation.

15

Saint Rémi, Saint Maur
D'habitude à la Sainte Maur
Moitié de l'hiver est dehors.

Au jardin

Pour attraper les limaces, déposer le soir, sur la platebande humide à protéger, des rondelles de carottes posées sous des tuiles ou des feuilles de chou. Le lendemain matin, les limaces seront au rendez-vous et il n'y aura plus qu'à les brûler.

Saint guérisseur

Pour le mal au ventre des enfants, priez Saint Rémi.

16

Saint Marcel, Saint Honorat
Prépare pour Saint Marcel
Tes graines nouvelles.

Au jardin

Semer en pleine terre centaurée, coquelicot, pied-d'alouette, primevère.
Planter anémone, giroflée, myosotis, pensée.

Remède de grand-mère

Contre le rhume, éplucher et couper en tranches un radis noir.
Disposer alternativement ces tranches avec une couche de sucre en poudre dans un grand bol. Le sirop va se faire de lui-même en quelques heures.
Prendre une cuillère à soupe trois fois par jour.

17

Sainte Roseline, Saint Antoine le Grand
Les jours à la Saint Antoine
Croissent du pas d'un moine.

Au champs

Profiter d'une journée douce pour arracher les topinambours.
Commencer les labours moyens. Si la gelée n'est pas gênante, on peut labourer à 15 ou 20 cm de profondeur pour semer des céréales de printemps : orge, maïs, avoine. Cette dernière se sème en février ou mars mais pas plus tard.

Saint guérisseur

Sur les bords du Loir, on prie Saint Richmir pour faire parler les enfants.
Dans la Brenne, on fait le pèlerinage à Saint Sulpice pour avoir des enfants.

Charade berrichonne

Mon premier est dans la bouche d'un matou
Mon second est sur le poil d'un matou
Mon troisième ajoute à l'eau
Mon quatrième ajoute à la vie
Mon tout alimente le plateau de fromages

18

Sainte Prisca, Chaire de Saint Pierre
A la Chaire de Saint Pierre
L'hiver s'en va s'il ne se resserre.

La bonne lune au jardin

Raymond, mon ami le jardinier, fait ses semis de tomates et de melons à la maison dans des petits pots de 10 à 12 cm toujours en lune descendante
C'est le moment à la fois du labour à la charrue et non pas à la fraise et de revoir l'aménagement des prochains massifs du jardin.
On a le temps, les plantes dorment.

Truc et astuce

Une casserole dont le fond est taché se récure avec du gros sel que l'on peut laisser tremper 24 heures puis faire bouillir à feu doux

19

Saint Marius, Sainte Germaine
Au milieu de Janvier,
A moitié vide est le grenier.

Au verger

Traiter contre les parasites après avoir enlevé les vieilles écorces, lichens et mousses.
Tailler pommiers et poiriers

Recette de terroir

Le Bouilli
C'est le pot au feu habituel, mais c'est un régal lorsqu'il «est bien arrivé» comme on dit dans le Berry.
Mettre dans un pot en terre 1,5 litre d'eau et 1 kg de boeuf pris dans le gîte à la noix ou dans les plates côtes.
Lorsque le boeuf commence à bouillir écumer soigneusement.
Mettre ensuite les légumes : carottes, navets, poireaux, céleris, panais et la moitié d'un chou.
Ajouter des os de boeuf, une poignée de sel 1 clou de girofle et laisser bouillir à petit bouillon pendant 6 heures.
Servir chaud avec de la moutarde ou du gros sel.

Charade berrichonne

Mon premier ronge la peau
Mon second ronge la vie
Mon troisième promet doublement la vie
Mon quatrième est promis par la fleur
Mon cinquième promet la réponse
Mon tout est une vérité musicale et publique

20

Saint Sébastien
S'il gèle à la Saint Sébastien,
La mauvaise herbe ne revient.

Au jardin

Contre les pucerons, faire macérer des déchets de cigarettes ou fonds de pipe dans de l'alcool à brûler pendant une semaine.
Décanter l'alcool à brûler. Mélanger dans un arrosoir à raison de 20 g de solution par litre d'eau savonneuse. Traiter le soir au coucher du soleil et arroser au matin avec de l'eau pure. Un bon traitement s'effectue 2 à 3 fois par mois.

Saint guérisseur

Saint Sébastien et Saint Fabien préservent les hommes des maladies infectieuses, des fièvres, des épidémies et le bétail des épizooties.

Tradition

L'origine du Mazagran remonte à la campagne algérienne durant laquelle le 3 février 1840 une centaine de zouaves réchauffés par un café brûlant sucré et arrosé d'eau-de-vie, résistèrent pendant 3 jours à un millier d'Arabes. De retour en terre berrichonne les hommes du régiment continuèrent à consommer le breuvage qui leur avait permis de résister et le baptisèrent « mazagran ». Les porcelainiers berrichons s'emparèrent alors de l'idée en créant une tasse épaisse en forme de verre à pied qu'on appela mazagran ou brûlot.

21

Sainte Agnès
Jour de Sainte Agnès
Jamais trop de froid nous laisse.

La fête des laboureurs

Alors que tout est mort en hiver, les laboureurs et cultivateurs de chaque commune se réunissaient dans une même ambiance que les vignerons le jour de la Saint Vincent le 22 janvier.
A côté du Président élu venait s'installer le Président choisi pour l'année à venir. On lui offrait un bouquet. Un cortège défilait alors dans les rues du village, précédé d'une gerbe d'avoine et de blé portée par des jeunes filles ou des garçons, d'un violoneux et d'un joueur d'accordéon. A la messe, le matin, des jeunes filles quêtaient et le soir au banquet.

Recette de terroir

Aux alentours de la Saint Vincent, on peut commencer à chercher des pissenlits dans les prés et les champs. Légume frais, croquant, un peu amer avec une action légèrement dépurative, c'est la première salade sauvage de l'année. Il peut être agrémenté de lardons, croûtons et d'un œuf dur.

Truc et astuce

Pour nettoyer la lame rouillée d'un couteau, couper un oignon en deux, le rouler dans le sucre en poudre, puis frotter énergiquement la lame.
Le manche en ivoire des fourchettes, couteaux et cuillères retrouvera sa blancheur en le frottant avec une tranche de citron trempé dans du sel fin. Bien rincer et essuyer.
Pour éviter que le calcaire envahisse la bouilloire, laisser à demeure une coquille d'huître à l'intérieur. C'est sur la coquille que se fixera le calcaire.

22

Saint Vincent
A la Saint Vincent,
Le vin monte du sarment.

Les reliques de Saint Vincent

Un voleur s'empara un jour des reliques de Saint Vincent « patron des vignerons ».
Pendant la nuit, celui-ci fit un cauchemar dans lequel Saint Vincent le conjurait de reporter les reliques au sanctuaire.
Il s'exécuta et pendant qu'il les rapportait, cachés sous ses habits, les reliques guérissaient tous ceux qui l'approchaient.

23

Saint Bernard, Sainte Emerance
L'or du soleil en Janvier
Est or que l'on doit renier.

Abbaye de Noirlac

24

Saint François de Sales, Saint Timothée
Poussière de Janvier
Abondance au grenier.

Au rucher

Les abeilles sont au repos, il fait froid, elles hibernent et consomment le miel qu'elles ont accumulé pendant l'été (environ 1 kg par mois). Elles sont groupées en une masse compacte au centre de chaque ruche
Si un choc quelconque vient troubler ce calme précaire, quelques abeilles se détachent de la grappe. Elles sont congestionnées et meurent. Il faut donc respecter la quiétude de ces familles si utiles à notre environnement.

25

Saint Priest, Conversion de Saint Paul
De Saint Paul la claire journée,
Nous annonce une bonne année.

Tradition

Le fromage Valençay

La forme pyramidale du fromage de Valençay et du Pouligny est sujette à polémique. Plusieurs versions invérifiables s'affrontent.
Dans la première, M. de Talleyrand, diplomate, serviteur de Napoléon 1er, maître du Château de Valençay aurait créé ce fromage en l'honneur de la victoire de Napoléon aux Pyramides. Dans la la seconde, on dit qu'il aurait imposé sa forme tronquée afin que ce même Napoléon ne prenne pas ombrage de la tragique épopée de la campagne d'Egypte.

26

Sainte Paule, Saint Polycarpe
Hiver de Saint-Polycarpe
Nous écharpe.

Au poulailler

A la basse cour, les incubations sont proches. On estime qu'un coquelet de 12 à 15 mois, bien vigoureux, suffit pour six à sept poules de petites races. Pour les races lourdes rester à cinq poules pour un coq.

Les plus beaux poussins sont donnés par des œufs de poules de deux ans avec un jeune coq d'un an.

Truc et astuce

Pour éloigner les mites de votre armoire, mettre au milieu des vêtements un citron piqué avec quelques clous de girofle dans un petit sachet de mousseline ou des graines de carotte. Des copeaux de cèdre et de thuyas éloignent aussi les mites.

27

Sainte Angèle, Saint Jean Chrysostome, Saint Julien l'Hospitalier
Saint Jean brise la glace
Ou bien faut qu'il la refasse.

Le langage des fleurs

Le dahlia

« Abondance stérile, froideur »

Il a été apporté du Mexique vers 1789. C'est une très belle fleur qui n'a malheureusement pas de parfum.

Remède de grand-mère

Contre la constipation

L'infusion de bourdaine, prise le soir au coucher, redonne à l'intestin son bon fonctionnement.
Prendre un verre de vin de pruneaux préparé avec 250 g de pruneaux, 1 bouteille de bon vin rouge, 1 verre d'alcool fort (cognac, armagnac),100 g de sucre. Laisser macérer les pruneaux dénoyautés et coupés en petit morceaux, l'alcool et le sucre pendant 2 semaines en remuant régulièrement. Ajouter le vin et laisser reposer encore deux semaines. Filtrer en écrasant les pruneaux et mettre en bouteille.

La nature seule peut venir à notre aide par l'intermédiaire de l'oiseau.

M. d'Aubusson

28

Saint Thomas d'Aquin, Saint Charlemagne.
Si on ne l'a pas fait pour Sainte Geneviève,
C'est à Saint Charlemagne, Qu'on met la vigne à sève.

Personnage célèbre de nos terroirs

Jean Louis Boncoeur
Poète, diseur berrichon de talent, il naît dans la Vallée Noire à la Châtre en 1911. Toute sa vie, il va écrire, peindre et chanter son amour pour sa région : le Berry. Il sera à l'origine des « Rencontres internationales des luthiers et maîtres sonneurs » de Saint Chartier et de la compagnie de théâtre « Paris-Berry ». Il est décédé en 1997.

29

Saint Gildas
Janvier fait le pont
Février le rompt.

Recette de terroir

Le crottin de Chavignol

Petit fromage plat, légèrement bombé à la périphérie, au lait entier de chèvre, le terroir du crottin couvre une zone qui s'étend sur la majeure partie du Cher dans le Sancerrois, la Champagne Berrichonne et une petite partie du Loiret et de la Nièvre.
Depuis le 16ème siècle, on élève des chèvres et on fabrique du fromage en pays Sancerrois. Le mot crottin désigne semble-t-il, à l'origine, une petite lampe à huile en terre cuite comportant des trous (en berrichon « crot » signifie trous).

L'appellation d'origine fut attribuée en 1976.

30

Sainte Martine, Saint Hippolyte
Prends garde à Sainte Martine
Car souvent l'hiver se mutine.

31

Sainte Marcelle, Saint Jules
Manteau de neige en Janvier
Manteau de foin le prochain été.

	1	2	3	4	5	6	7	8	9	10	11
A	■		■						■		
B											
C				■		■		■		■	
D		■			■						
E							■				
F											■
G		■		■			■	■			
H											
I							■				■
J											■
K	■			■							

Horizontalement :

A-bouda ; déplacé. **B**-architecte de la cathédrale de Bourges. **C**-bout de route. **D**-tour ; énerver. **E**-demeure de la Bonne Dame ; condensé de notes. **F**-approché par le sens. **G**-demi-parigot ; la première. **H**-produits de sous-bois, par exemple. **I**-attestation ; au Moyen-Orient. **J**-vignoble en bordure du Berry. **K**-lettres divines ; cochonneries.

Verticalement :

1-célèbre à Bourges. **2**-diminutif, peut-être, d'une grande berrichonne ; exclamation ; au Maghreb. **3**-protestants et non facteurs de vielles à roue ! **4**-mémoire vive ; sécrétion. **5**-apparus ; qui concernent les précédents. **6**-amour de juste milieu ; enflammera. **7**-tennisman ; fruit (phon.). **8**-champagne ; début de cellule reproductrice ; roue cassée (de vielle ?). **9**-agiterait comme une bourrée. **10**-note ; de chèvres bien sûr. **11**-rassemblera ; introduit la matière.

Février

Verseau
20 janvier au 19 février

Le proverbe du mois
« Bonne terre a besoin de bons cultivateurs. »

St Gilles-croix-de-vie

1

Saint Ignace, Sainte Ella
Février le plus court des mois,
Est de tous le pire à la fois.

La plante du mois

La primevère
Le coucou ou primevère officinale annonce le printemps.
Sa racine en tisane à raison de 20 g par litre d'eau prise trois fois par jour dégage les voies respiratoires, fait pisser et a quelques propriétés laxatives. Elle a aussi des vertus calmantes et était autrefois donnée en cas de coqueluche.
Une décoction de racines en compresses à raison de 100 g par litre (faire bouillir jusqu'à réduction d'un tiers) soigne les ecchymoses.

Charade vendéenne

Mon premier monte aux arbres
Mon second est dans l'eau
Mon troisième est une dent
Mon quatrième se dit de celui qui bénéficie de la métempsychose
Mon tout est un port sardinier de Vendée

2

La Chandeleur, présentation du Seigneur
Chandeleur noire,
L'hiver fait son devoir.

Au jardin

Avant plantation, protéger ail, oignons et échalotes en les plongeant dans une solution de sulfate de cuivre (30g/l). Bien laisser sécher.

Au rucher

« On parcourt la campagne, le jour de la Chandeleur, avec un cierge béni. Ce jour-là, en faisant un tour assez étendu autour des ruches, les nouveaux essaims ne franchiront pas ce cercle. »

Tradition

La Chandeleur
Une tradition tourangelle disait qu'à la Chandeleur il fallait manger « la soupe dorée » pour avoir de l'argent toute l'année. Elle était préparée avec de fines tranches de pain trempées dans du lait sucré et froid, puis plongées dans des œufs battus. Les tranches bien imbibées étaient ensuite mises à dorer dans une poêle, puis sucrées. Elles étaient mangées chaudes.

3

Saint Blaise

Pour Saint Blaise de la neige jusqu'à la queue de l'âne.

Au jardin

Préparer les graines de carottes en les enfouissant dans un linge à 10 ou 15 cm de profondeur dans la terre humide pendant 3 ou 4 jours. Semées immédiatement après la sortie du linge, elles germent avec une étonnante vigueur.

4

Sainte Véronique, Saint Isidore

A la Saint Isidore, si le soleil dore,
Le blé sera haut et chenu.

Au poulailler

LE GNIOT

Attendre quelques jours avant de confier aux poules des oeufs à couver. Pour commencer, les placer sur des œufs en plâtre que l'on appelle dans nos régions «*le gniot*» puis, après deux ou trois jours, si l'on ne constate aucune nervosité, remplacer ceux-ci par de vrais œufs.

TRUC ET ASTUCE

Pour éviter que les bougies coulent, les tremper dans de l'eau très salée. Ne pas les essuyer mais les laisser sécher d'elles-mêmes ou parsemer le tour de la mèche avec du sel fin. Elles resteront blanches si on les frotte avec un chiffon imbibé d'alcool à brûler.

TRADITION

L'ORIGINE DES BOUCHOTS

La mytiliculture (culture des moules) est née dans la baie de l'Aiguillon. Un marin irlandais qui avait fait naufrage dans cette région et qui vivait de la chasse aux oiseaux de mer grâce à des filets qu'il tendait entre des poteaux, s'aperçut que les moules qui s'y fixaient se développaient plus rapidement. Il eut alors l'idée de mettre des chapelets de moules avec des branches de tamaris. Depuis cette idée a été largement reprise.

5

Sainte Agathe
A la Sainte Agathe,
Oignons se plantent même dans la glace.

Au jardin

Bêchage et préparation du terrain.
Semer sous chassis, les poireaux « Monstrueux d'Elboeuf » et « Gros Long d'Eté » le 5 février, le jour de la Sainte Agathe.
Pour chasser les fourmis, utiliser du charbon de bois pulvérisé, des rondelles de citron moisies, de la craie en poudre ou des gousses d'ail hachées….

Remède de grand-mère

Rhumatismes

Laisser macérer 24 heures quelques feuilles de laurier finement hachées dans un petit verre d'alcool à 90°. Ajouter 1 litre d'huile d'olive et faire chauffer le mélange au bain marie pendant 5 heures. Appliquer en cataplasmes sur les parties douloureuses.

Recette de terroir

La mouclade vendéenne

Faire ouvrir les moules comme pour une marinière et les mettre sans les coquilles dans un plat beurré. Les tenir au chaud, conserver le jus de cuisson. Faire revenir au beurre trois oignons hachés, ajouter une tête d'ail pilée.
Déglacer avec un peu d'eau-de-vie et 2 dcl de vin blanc sec.
Ajouter un peu de poivre de Cayenne et une pointe de safran,
Laisser 5 mn en plein feu et lier la sauce avec de la crème fraîche et une noix de beurre puis en recouvrir les moules.
Servir chaud.

6

Saint Gaston, Saint Armand, Sainte Dorothée
En Février s'il gèle et tonne,
C'est la marque d'un bel automne.

Au jardin

Avant de semer des navets, rouler les graines dans le soufre. Les navets pousseront plus vite et seront plus tendres. On ne repique pas les navets.

7

Sainte Eugénie, Saint Chrysde
Crapaud qui chante en Février,
Marque l'hiver achevé.

Au verger

Le gui doit être coupé, non pas à ras de la base, mais plus ou moins profondément dans le bois des branches des arbres, suivant son évolution. Désinfecter les plaies de coupe avec une solution de sulfate de fer à 30% puis badigeonner avec du mastic à greffer liquide ou du goudron.

8

Sainte Jacqueline
Œuf de Février,
Œuf de fumier.

Tradition

Le coq des clochers de France ne symbolise pas le peuple gaulois mais probablement l'attente du soleil levant, toujours salué par le chant du coq. La dévotion au soleil levant, époque pré-chrétienne, mais transformée par saint Patrick en dévotion au «soleil de justice» c'est à dire au christ, était restée vive chez les moines irlandais qui ont rechristianisé la Gaule aux 6ème – 9ème siècle. Ils ont, vers cette époque, introduit les coqs de clocher sur le continent.

Personnage célèbre de nos terroirs

Jules Verne

« Ce que j'ai écrit sera réalisé à la fin du siècle » dira-t-il.
Jules Verne est né à Nantes le 8 février 1828 dans une famille bourgeoise d'armateurs et d'avoués. Licencié en droit, il commence à fréquenter les milieux littéraires en écrivant quelques pièces de théâtre.
En 1862, il rencontre l'éditeur Hetzel qui accepte de publier en 1863 «*Cinq semaines en ballon*». Le livre connaît un succès planétaire.
Sa vraie carrière commence et la signature d'un contrat de 20 ans avec Hetzel lui assure son avenir. Il écrira plus de 70 romans : *Le Tour du Monde en 80 jours, Voyage au centre de la terre, Vingt mille lieux sous les mers, Michel Strogoff, De la terre à la lune*.....Il meurt d'une crise de diabète le 24 mars 1905, laissant plusieurs romans non publiés dont certains seront modifiés par son fils Michel.

9

Sainte Appoline
A la Sainte Appoline
Bien souvent l'hiver nous quitte.

Saint guérisseur

Une prière à Sainte Appoline guérit les maux de dents. Martyre du IIIème siècle, elle fut persécutée à cause de sa foi et eut toutes les dents brisées par ses bourreaux. Elle se précipita elle-même dans le brasier préparé pour terminer son supplice. On la vénère à Pont-de-Ruan en Touraine, Pontmain en Mayenne, et Couvains dans l'Orne.

Le langage des fleurs

Le myosotis

« Ne m'oubliez pas »
Deux amoureux se promenaient sur les bords escarpés d'un torrent ; ils parlaient du ciel et de la terre, du présent et du passé ; ils faisaient de doux projets pour l'avenir, ils avaient la joie dans le cœur : tout à coup une fleur de myosotis leur apparut mais la belle fleur fut entraînée dans l'eau du torrent ; la jeune fille le fit remarquer à son amant, et celui-ci n'écoutant que son amour, plongea dans les flots… mais hélas ! Le torrent était plus fort que lui et c'est en vain qu'il lutta contre le courant. Cependant, avant de disparaître à tout jamais, ajoute la légende, il eut le courage de tendre à sa fiancée la fleur qu'il venait de saisir et de prononcer ces mots : « Ne m'oubliez pas ».

10

Saint Arnaud
Mieux vaut le loup dans le troupeau,
Que Février trop beau.

Au jardin

Pour éloigner naturellement la piéride du chou associer la culture des choux au céleri et à la tomate.

Noirmoutier

11

Notre Dame de Lourdes
Tonnerre de Février
Emplit le grenier.

Tradition

L'acclimatation des huîtres portugaises sur les côtes de France est due à une cause accidentelle. C'est en 1866, qu'un bateau à vapeur venant du Portugal, le Morlaisien, avec une cargaison d'huîtres à destination de l'Angleterre, fut contraint, au cours d'une tempête, de se réfugier dans la Gironde. Ce contretemps et la durée de l'escale firent que la cargaison prit une mauvaise odeur dont se plaignit l'équipage et obligea le capitaine à s'en débarrasser. Il n'attendit pas d'être en mer et jeta par dessus bord le contenu des cales sur la rive gauche du fleuve, avant la pointe du Verdon. De nombreuses huîtres encore vivantes formèrent des bancs naturels importants et l'on vit bientôt sur les rives de la Gironde, en bordure de la côte et jusqu'aux îles d'Oléron et de Ré, une multitude de petites huîtres en formation.

12

Saint Félix, Sainte Eulalie
Si le soleil rit à Sainte Eulalie,
Pommes et cidre à la folie.

La bonne lune au jardin

On peut commencer à semer les petits pois vers le 15 février en choisissant le 2ème, 3ème ou 4ème jour du premier quartier de lune. Pour les anciens le résultat était meilleur que de semer en lune vieille.

Truc et astuce

Le bougeoir est encombré de cire qui a coulé, le mettre au congélateur pendant une bonne heure. La bougie s'enlèvera d'un bloc.

13

Sainte Béatrice, Sainte Marie
Février trop doux
Printemps en courroux.

Au rucher

C'est toujours l'hiver, mais février apporte quelques belles journées et les abeilles commencent quelques explorations pour trouver de l'eau et du pollen sur les premières fleurs : genêts, primevères, et parfois quelques saules et noisetiers précoces.
A la fin du mois on peut voir quelques abeilles les pattes chargées de pollen. Pour l'apiculteur, c'est bon signe. Si l'entrée de la ruche reste déserte, ce peut être inquiétant et il faut examiner la ruche de près.

14

Saint Valentin
A la Saint Valentin,
La rose gèle avant le matin.

Au verger

C'est le mois de l'élagage des arbres fruitiers à noyaux (cerisiers, pruniers, pêchers...). Il faut couper les branches mortes ou endommagées par l'hiver sans oublier de couvrir les grosses plaies avec l'onguent de Saint Fiacre (patron des jardiniers), obtenu en mélangeant dans de l'eau 2/3 d'argile et 1/3 à parts égales de bouse de vache et de chaux non éteinte.

Tradition

La Saint Valentin
Au Moyen-Age on appelait « Valentin » le cavalier qu'une jeune fille choisissait pour sortir le premier dimanche de carême : la fête des Brandons. Le Valentin devait offrir des cadeaux à sa compagne.
Au 15 ème siècle, Charles d'Orléans de retour de captivité en Angleterre ramena en France cette tradition amoureuse. Le jour de la Saint Valentin, le fiancé devait adresser à son amoureuse, un message de tendresse : une « Valentine ». Cette coutume fut instituée à la cour mais ce n'est qu'en 1496 que Saint Valentin devint réellement le saint patron des amoureux.
A partir du 18 ème siècle, les Valentines devinrent des objets décorés et ornés à la main, de cupidons, de dentelles, de soie, de satin, de poèmes, de fleurs séchées et parfumées.
Fin du 19 ème siècle les Valentines entrent dans l'ère industrielle.

15

Saint Claude
Au milieu de Février
Le jour et la nuit sont pareils.

Au jardin

Semer sous chassis les céleris-branches et céleris-raves. Ils sont repiqués quand ils ont deux feuilles puis mis en place en pleine terre dans la première quinzaine de mai pour être récoltés en septembre.

Le temps qu'il a fait

Le 15 février 1978, 25 cm de neige paralysent Honfleur, dans le Calvados et à la même date en 1985 la Bretagne est sous la neige : 10 cm à Bréhat, 16 cm à Dinard.

Saint guérisseur

Saint Claude est largement invoqué dans la méningite, « le mal de Saint Claude », les dépressions nerveuses et plus généralement tous les maux de tête.

Truc et astuce

Pour redonner vigueur à une salade verte achetée la veille et un peu défraîchie, la plonger dans une bassine d'eau tiède pendant 15 mn.

16

Sainte Julienne, Saint Onésime
S'il neige à Saint Onésime,
La récolte est à l'abîme.

Au jardin

On peut sauvegarder les graines de légumes en les entreposant dans des boîtes métalliques dans des lieux secs : l'aubergine, la betterave 6 à 7 ans, la bette, la carotte, le céleri, le radis, la tomate, la laitue, le potiron 4 à 5 ans, le haricot 3 ans et le poireau 2 ans.

Le langage des fleurs

L'if

« Tristesse, chagrin, affliction, deuil »

Les traditions attribuent à l'if les propriétés les plus malfaisantes. Les anciens croyaient qu'il donnait la mort à ceux qui s'endormaient sous ses branches. Les racines secrètent une substance toxique nuisible aux plantes qui poussent dans son voisinage. Ses feuilles tuent les chevaux qui les mangent et les émanations de l'if sont fatales aux abeilles.

17

Saint Alexis
C'est en Février,
Que se taille le groseillier.

18

Sainte Bernadette
Au mois de Février,
Chaque herbe fait son pied.

Recette de terroir

La brioche vendéenne

Pour 10 à 12 personnes,1 kg de farine tamisée, 2 cuillerées à café de sel fin, 3 oeufs entiers, 250 g de sucre, 150 g de beurre tiède, 3 cuillerées de crème fraîche, 25 cl d'eau tiède, 50 g de levure de boulanger, 12 cl de lait, 2 cuillerées d'eau-de-vie, 1 cuillerée à soupe de fleur d'oranger.

Creuser une fontaine dans la farine et verser la levure délayée dans un peu d'eau tiède. Ajouter le sucre, le sel et trois oeufs entiers. Pétrir le tout pour obtenir une pâte pas trop molle, bien la travailler pour la rendre lisse, ajouter alors le lait pour la ramollir. Pétrir le beurre à part et ajouter un tiers de pâte puis bien mélanger. Quand le mélange est homogène, ajouter le reste de pâte en deux temps. Mettre à lever 4 heures dans un endroit relativement chaud et humide. Beurrer un moule et mettre la pâte. Dessiner des losanges sur le dessus et dorer avec un jaune d'oeuf battu. Faire cuire 40 mn à four moyen (160°).

Au verger

Couper les rameaux ou tiges d'arbres fruitiers qui sont destinés comme greffons pour effectuer les greffes en fentes au mois d'avril. Les mettre en jauge le long d'un mur face au nord dans du sable humide. Traiter les pêchers contre la cloque avec de la bouillie bordelaise.

Quel temps pour demain ?

Quand le coq chante à toute heure de la nuit, c'est signe de brouillard ; quand les poules se perchent en groupe et en dehors du poulailler, c'est signe de crue.

Charade vendéenne

Mon premier fut envahi
Mon second se remplit
Mon troisième est léger
Mon quatrième a un côté Noirmoutier
Mon tout se conserve en Vendée

19

Saint Gabin
Quand Février commence en lion,
Il finit comme un mouton.

Le langage des fleurs

Le camélia
« Parfaite beauté, magnificence ».
Il doit son nom au père jésuite Camelli qui l'a ramené du Japon fin du 17ème siècle mais c'est Joséphine qui a lancé la mode de cette superbe fleur qui devint au 19 ème siècle la plante la plus prisée, parfait symbole du romantisme.

Truc et astuce
Pour éliminer le calcaire dans la bouilloire, mettre à bouillir dedans des épluchures de pommes de terre pendant 30 mn.

20

Sainte Aimée
Pluie de Février,
A la terre vaut du fumier,

Dans les vignes

« Le cul d'ours »
Avec son pantalon de velours et son blouson à grosses côtes, le dos courbé toute la journée à tailler ses vieux ceps, dans le Berry on l'appelle « le cul d'ours ». Seul dans ses vignes du matin au soir, à quoi pense-t-il ?

Recette de terroir

Seiche en cocotte
Couper les seiches en petits dés, les faire revenir dans du beurre avec de l'ail, du persil, des oignons,
Lier avec une cuillerée de farine, couvrir avec de l'eau et du vin blanc,
Saler, poivrer et laisser mijoter deux heures à feu doux.

21

Saint Pierre Damien
S'il tonne en Février,
Point de vin au cellier.

Au champs

« Avoine de Février emplit le grenier. »
C'est l'époque des semailles des avoines précoces. Deux facteurs interviennent dans la précocité de la récolte d'avoine : la nature des variétés et l'époque des semis. Les variétés des années d'après guerre portaient des noms aussi exotiques que « avoine noire de Mesdag, avoine Joanette, blanche de Pologne, hâtive de Sibérie, grise de Houdan ou blanche de Ligowo.»

Saint guérisseur

On dit des évangiles au Saint de Mairé dans la Vienne contre les maladies de la peau.

Le langage des fleurs

La capucine
« Feu d'amour »
Importée d'Amérique du Sud, elle fut introduite en France en 1684. Louis XIV, le Roi Soleil, en offrit le premier bouquet à sa maîtresse Madame de Maintenon.

22

Sainte Isabelle
Neige à la Sainte Isabelle,
Fait la fleur plus belle.

La bonne lune pour planter

Les plantations se font de préférence en novembre mais en cas d'empêchement, on peut les faire jusqu'à la première quinzaine de mars. Planter de préférence en lune montante et sans gel.

Avant de planter, couper les racines qui sont abîmées et celles trop longues. Raccourcir le pivot s'il y en a un. Les branches doivent être taillées dans les mêmes proportions que les racines

23

Saint Lazare, Saint Florent
A la Saint Florent,
L'hiver quitte ou reprend.

Dans les vignes

Les buttelières
Butteler signifie rechausser les ceps sur les coteaux ravinés par les orages. C'était un travail de femmes « les buttelières(1) ». Elles remontaient la terre entrainée en bas des pentes en la transportant dans une petite hotte ou buttet.

« Arnestin retirant sa blouse, se mit en devoir de piocher, à grands coups de pictranche, l'amoncellement de terre, puis il en chargea le buttet de chaque butellerière. Lorsque dans leur petite hotte, elles avaient leur chargement, elles montaient la pente d'un pas égal et lent en s'appuyant sur leurs charniers(2), et elles allaient vider le contenu du buttet au pied des ceps dégarnis. Puis elles redescendaient en sautillant chercher un nouveau chargement… Et elles remontaient… Et elles redescendaient… Et elles taquinaient Arnestin »…

Robert Morin-Mélie Buttelière

(1) Buttelière : porteuse de buttet ou buttete sorte de hotte d'osier
(2) Charnier : piquet de vigne

24

Saint Modeste, Saint Mathias
Saint Mathias, casse la glace
S'il n'y en aura pas, il en fera.

La bonne lune au verger

L'émondage des arbres se fait en lune vieille. Les branches repoussent plus droites et avec plus de vigueur que si elles sont coupées en nouvelle lune.

Recette de terroir

Le pâté vendéen
1 lapin de garenne, foie du lapin, ail, persil, bouquet garni, du vin blanc un peu de cognac, sel, poivre, 1 morceau de jambon.
Couper de beaux filets dans le râble et les cuisses du lapin,
Hacher le reste de la chair avec le foie, un peu d'ail, et de persil,
Laisser mariner le hachis pendant 1 heure dans du vin blanc additionné d'un peu de cognac et d'épices,
En même temps faire bouillir un beau morceau de jambon dans un jus de veau avec un bouquet garni.
A mi-cuisson, retirer le jambon, le hacher et le joindre au hachis mariné.
Remplir alors une terrine de couches alternées de hachis et de filets de
lapin en ayant soin d'assaisonner chaque couche,
Terminer par une couche de hachis et cuire au bain marie pendant 1 h 30 m à 2 heures.
Verser le jus de cuisson du jambon, bien réduit, il se prendra en gelée.

25

Saint Roméo, Saint Césaire
Jamais Février n'a passé,
Sans voir groseillier feuillé.

26

Saint Nestor
Si Février n'a ses bourrasques,
Tous les mois feront des frasques.

Au jardin

Pour que pelles, bêches, fourches et outils de jardinage ne rouillent (presque) plus, les enduire de suif avec un chiffon gras. La terre ne collera plus au fer et l'outil pourra pénétrer plus facilement dans le sol. Une autre méthode consiste à planter bêches et fourches après usage dans un bac à sable imprégné d'huile de vidange.

Un vieux métier

Le fendeur de merrains
« … Plantant ses coins dans une bille de chêne, coupée à la longueur des « douelles », Clotaire faisait éclater le bois à coups de maillet. Il le débitait ensuite avec son « départoir », le fendait en blocs réguliers. Puis il portait chaque bloc sur un billot et, avec son coutre abattu avec art, du bras droit collé au corps – l'avant-bras seul projetant l'outil- il façonnait la douelle, la dégrossissait, la taillait, suivant le fil du bois. La douelle dégagée sur ses quatre faces, Clotaire la finissait à la « plane ». Il se plaçait face à un trépied, assujettissait à sa poitrine la plaque d'arrêt destinée à maintenir la douelle immobile, et là, avec la plane, ramenée vers lui d'un mouvement puissant, il rendait lisse et brillante la planche de chêne, désormais prête à construire la futaille.

Charade vendéenne

Mon premier est une étendue d'eau
Mon second est un fleuve espagnol
Mon troisième se donne
Mon quatrième souffle
Mon cinquième est un cri poussé lors des Grandes Invasions
Mon tout est une zone du nord-ouest de la Vendée

27

Sainte Honorine
Gelée à Sainte Honorine,
Rend la vallée chagrine.

28

Saint Romain
Qui taille en Février,
N'a pas besoin de corbeille et de panier.

Au jardin

Traiter à la bouillie bordelaise les framboisiers et groseilliers et en fin de mois, couper à ras les vieilles branches de cassissiers.

La bonne lune au jardin

La dernière semaine de février est le meilleur moment pour tailler groseilliers et framboisiers. Terminer la taille des arbres à fruits à pépins si possible en lune descendante si elle n'a pas été terminée fin décembre.

Recette de terroir

La mogette de Vendée

La Mojette ou Mogette de Vendée, est un haricot blanc produit en Vendée. Au début du 18 ème siècle on les appelait petites fèves et fèves de haricot. « Mongette » nous vient du midi, mot formé sur l'occitan « monge » : moine qui lui-même vient du latin « monacum » (homme qui vit seul, ermite). Après son introduction dans l'ancien monde, le haricot devenu mongette était l'une des bases de la cuisine monacale. La mogette est une culture traditionnelle du bocage vendéen. Ce haricot très tendre à peau fine et fragile, blanc, très brillant, de forme plutôt rectangulaire est aussi appelé « lingots » ou « cocos » de Vendée. Il se consomme chaud ou froid. A la récolte, une heure de cuisson suffit. Quelques mois plus tard, ce temps devra être un peu prolongé.

29

Saint Auguste
La neige de Février brûle le blé.

	1	2	3	4	5	6	7	8	9	10	11
A											
B			■	■							
C							■			■	
D		■				■					■
E				■							
F		■				■	■				
G		■									
H							■				
I		■					■				
J				■	■	■					
K											

Horizontalement :

A-révolte souvent attribuée à la Vendée. **B**-au cœur de Noël ; métal royal. **C**-combattis ; bassin parisien. **D**-en chouans ; en Vendée, on préfère la sardine à l'huile. **E**-à moi ; chauffent dans le marais vendéen. **F**-foyer ; éléments de qualités. **G**-explosiez. **H**-discutailleur ; à gauche de l'écran. **I**-mal mixé ; content ou enlevé. **J**-nom de page ; peu chrétien. **K**-danses vendéennes.

Verticalement :

1-cendrier. **2**-marque de gêne ; mot d'enfant. **3**-utile dans les Fiefs Vendéens. **4**-possessif ; unité. **5**-se danse en Vendée. **6**-apparus ; au bout de la terre. **7**-nouvelle république ; acidité. **8**-prendrai la mer, à St-Gilles-Croix-de-Vie par exemple. **9**-le rival électoral en Vendée. **10**-en pitié ; privée.
11-peut être royaliste en Vendée ; strophe.

Dès que vous estimez être trop vieux pour faire quelque chose, faites-le immédiatement, c'est un moyen de rester jeune.

Antoine Pinay

Mars

Poissons
20 février au 20 mars

le proverbe du mois
« Celui qui plante des arbres n'est pas un égoïste »

La Rochelle

1

Saint Aubin
Pluie de Saint Aubin
Ni paille, ni foin, ni grain.

la plante du mois

Le tussilage
Cette plante est aussi appelée herbe de Saint Quentin ou pas-d'âne. Elle soigne la toux.
On récolte ses fleurs en février-mars, les feuilles en avril-mai.
Préparer des décoctions à raison de 10 g de fleurs sèches ou 25 g de fleurs fraîches pour un litre d'eau. Une à deux tasses par jour facilitent l'expulsion des crachats et assèchent les bronches. Chez les convalescents de la grippe, cette décoction les aide à se débarrasser des restes de trachéite.

Saint guérisseur

Une prière à Saint Aubin guérit de la fièvre en Touraine. En Normandie, un enfant qui touche sa statue peut guérir de la coqueluche.

2

Saint Charles le Bon
Quand fleurs en Mars il y aura,
Guère de fruits ne mangeras.

Au jardin

Pour obtenir des choux de Bruxelles plus gros, l'astuce consiste à couper le bourgeon terminal dès que le chou a atteint sa taille adulte.

Un vieux métier

Le chiffonnier
Il collectait les chiffons, les vieux papiers, les métaux, les peaux de lapins, les plumes, les cuirs et même les os. Ce métier serait né au 17e siècle et s'accroît au 19e début du 20e siècle. Cette profession exercée de père en fils employait toute une famille. Pendant que l'homme était en tournée dans la campagne, la femme et les enfants restaient au domicile pour trier et tendre les peaux. Les marchandises étaient ensuite revendues à un grossiste. Souvent issus des classes pauvres, les chiffonniers étaient considérés comme des marginaux. Ils jouissaient d'une assez mauvaise réputation (voleurs, bagarreurs, alcooliques…). Ce métier s'éteindra lentement durant la seconde moitié du 20e siècle avec une reconversion vers le métier de brocanteur.

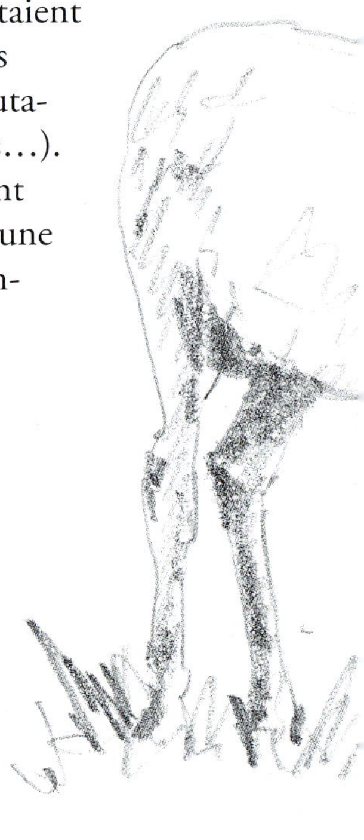

3

Saint Guénolé, Sainte Cunégonde
A la Saint Guénolé,
Au taureau ferme le pré.

La bonne lune au jardin

Ce qui croît au-dessus de la terre doit être semé en lune croissante, ce qui croît au-dessous, en décours. La lune nouvelle favorise la montée en graine des plantes potagères tandis que la lune vieille évite qu'elles montent.

Pommes de terre plantées pendant le décours
Toute la plante en terre
Pendant le croissant
Toute en l'air.
(proverbe breton)

4

Saint Casimir
Poussière de Mars est poussière d'or.

Quel temps pour demain ?

On dit que l'hiver n'est pas fini tant que le chêne n'a pas perdu toutes ses feuilles de la saison passée. Il est vrai que, si l'hiver n'a pas été trop rigoureux, elles ne tombent qu'en mars ou en avril, peu avant l'apparition des nouvelles feuilles.

Tradition

Le Charivari

Cette tradition ancestrale du brouhaha et du vacarme organisé s'est perpétuée jusqu'au début du 20 ème siècle à l'occasion du mariage d'une jeune femme avec un « vieux » ou un veuf voire le contraire.
Un concert bruyant était alors donné plusieurs jours avant les noces avec tous les ustensiles de cuisine, sous les fenêtres des futurs époux qui devaient donner, selon leurs moyens, une petite pièce que les bruyants musiciens s'empressaient d'aller consommer à la taverne.
Le charivari pouvait prendre une toute autre tournure si les tourtereaux prenaient mal la chose ; c'était alors, chaque soir, à la nuit tombante un vacarme assourdissant de tout ce qui pouvait faire du bruit, trompettes, casseroles, marmites, cors de chasse, lessiveuses… jusqu'au jour du mariage.
Un autre type de charivari pouvait concerner les époux adultères, victimes à cette occasion d'une farce appelée «course à corps nus». Selon les terroirs ils devaient parcourir les rues du village tous nus. Parfois la femme adultère devait courir nue après une poule jusqu'à l'attraper. Dans certaines régions les villageois obligeaient l'infortuné mari à chevaucher un âne tourné vers la queue de l'animal, le tout accompagné de force bruit, cris et commentaires.

5

Saint Olive, Saint Adrien
Saint Adrien amène la glace,
Ou fait que l'hiver trépasse.

Le langage des fleurs

LA TULIPE
« DÉCLARATION D'AMOUR, ADMIRATION, AMOUR SANS ESPOIR. »
Une légende raconte qu'une jeune princesse persane amoureuse d'un beau jeune homme partit à sa recherche dans le désert. Exténuée, elle s'évanouit et tomba sur des pierres qui la blessèrent. Des gouttes de son sang naquirent de superbes tulipes rouges. Depuis, les jeunes gens déclarent leur amour avec un beau bouquet de tulipes rouges.

TRUC ET ASTUCE

Un tableau terni par les ans se nettoie avec une pomme de terre crue coupée par moitié. Enlever une petite tranche au fur et à mesure qu'elle se salit. Pour terminer essuyer avec un chiffon doux.

6

Sainte Colette, Saint Fridolin
Au jour de Sainte Colette,
Commence à chanter l'alouette.

Au jardin

Un petit tas de sable au pied des plants de concombre les protégera contre l'excès d'humidité du sol qui provoque certaines maladies.

REMÈDE DE GRAND-MÈRE

Pour purger le sang, écraser deux gousses d'ail dans un verre d'eau avec quelques gouttes de citron. A boire trois fois par jour pendant une semaine, le matin à jeun, avant le repas de midi et le soir au coucher.
L'ail est un fluidifiant du sang, il agit favorablement contre l'hypertension enfin il aide à l'oxygénation des tissus et en particulier de l'épiderme.

Saint guérisseur

Pour grandir, il faut prier sainte Colette, qui, dans une nuit vous grandit « d'une coudée ».

7

Sainte Félicité
Autant de gelées en Mars,
Autant de rosée en Avril.

Au jardin

Coupée dans le sens de la longueur, la bouteille plastique peut devenir une petite serre pour y semer quelques graines ou des salades.
Coupée par le milieu, la partie qui a le goulot se transforme en petite cloche pour les petits plants fragiles de tomates ou melons.

Quel temps pour demain ?

Une gelée blanche au matin, c'est signe de pluie pour le soir ou le lendemain.

8

Saint Jean de Dieu
Brouillards en Mars,
Gelées en Mai.

Au rucher

Début mars les premiers rayons de soleil, la Reine se réveille et se remet à pondre.
C'est la température et le lieu qui dirigent le réveil. Dans le sud l'arrêt sera plus court que dans le Nord et dans l'Est de la France.
L'apiculteur est aux aguets, il profite d'une journée ensoleillée pour vérifier l'état sanitaire de chaque ruche et notamment le « *Couvain* » qui est l'endroit de la ruche où naissent les abeilles.

Remède de grand-mère

Les beaux jours reviennent, les abeilles ressortent. On peut se faire piquer.
Avant tout, enlever délicatement le dard et frotter la piqûre avec la moitié d'un oignon ou de l'ail. On peut aussi cueillir trois herbes différentes, peu importe leur nature, et frotter simultanément la piqûre avec chacune d'elles.

Charade de Saintonge

Mon premier se dore au soleil
Mon second est le carré de la 14ème
Mon troisième ne sait se voir s'il est caché
Mon quatrième est à toi
Mon tout est un monument romain de Saintonge

9

Sainte Françoise
Taille tôt taille tard,
Rien ne vaut la taille de Mars.

10

Saint Vivien
Quand mars se déguise en été,
Avril prend ses habits fourrés.

La bonne lune pour greffer.

Si le temps est bon en ce début de mois, on peut procéder au greffage en fente des fruitiers à noyaux (cerisiers, pêchers, pruniers..). Les avis divergent, certains préfèrent la nouvelle lune, d'autres considèrent que la meilleure période est celle de la pleine lune de mars, enfin d'autres greffent au cours de la semaine sainte. Pour les fruitiers à pépins (pommiers, poiriers) la greffe s'effectue en fin de mois peu de temps avant la floraison.

Saint guérisseur

Sainte Rose soigne l'eczéma, démangeaisons, boutons, dartres et toutes les maladies de la peau.

La bonne lune au jardin

Pour que les racines potagères carottes, scorsonères, navets et salsifis ne soient pas fourchus, il faut les semer au décours de la lune.
Tailler les rosiers avec la pleine lune de mars qui leur donne plus de fleurs.

Quel temps pour demain ?

Quand, au printemps, on voit par de chaudes journées voltiger les papillons jaunes, on dit avec raison qu'on aura encore du froid. »

11

Sainte Rosine
De Mars la verdure,
Mauvaise augure.

Papi, c'est quoi un lunatier ?

« Mon p'tit gars, un lunatier c'est quelqu'un qui fait tout et qui ne jure que par la lune, qui ne plante ni ne récolte si ce n'est pas en une vieille ou pleine ou lune décroissante, sinon il estime que ses salades vont monter en graines, ses patates pourrir, ses radis faire de la feuille etc...
Il n'a pas la vie facile, notre lunatier ! Imagine que des intempéries retardent ses travaux et qu'il doive attendre la prochaine lunaison, sa récolte risque d'être compromise.
Tu vois, mon p'tit gars, moi j'plante dans la terre, pas dans la lune. Ah ! j'en tiens compte, ça c'est sûr, parce que la lune, elle a de l'influence sur tout mais c'est le temps qui passe qui me fait prendre mes décisions.

Jardinier Charentais

Passionné de botanique et de culture des arbres, Jean de la Quintinie, né dans les Charentes à Chabanais-sur-Charente, fut présenté par Colbert à Louis XIV qui le nomma directeur des fruitiers et potagers du roi. Cet ancien avocat qui étudia les grands botanistes, inventa de nouvelles règles pour la transplantation, la conduite et la taille des arbres et fit connaître la culture en espaliers. Il inventa la serpette, perfectionna des outils de jardinage et fut le créateur des grands vergers des demeures royales : Versailles, Chantilly, Rambouillet et Vaux-le-Vicomte.

12

Saint Grégoire, Sainte Justine
A Saint Grégoire, il faut tailler la vigne pour boire.

Dans les vignes

Pour tailler, beaucoup de vignerons attendent la pleine lune de mars. D'autres préfèrent entre le premier et le dernier quartier de lune car tailler avant le premier quartier produit beaucoup de bois et peu de raisins.
On taille en gobelet, c'est une taille courte qui ne laisse que 2 à 3 yeux ou en Guyot simple qui laisse une baguette ou verge d'un côté et un bois court (poussier) à l'opposé.

13

Saint Rodrigue
Quand il tonne en Mars, bœufs et curés gras.

La bonne lune au jardin

Planter les premières pommes de terre mi-mars dans une petite tranchée de 15 à 20 cm de profondeur et espacées de 30 à 50 cm en vieille lune et si possible pendant la semaine sainte. (fin mars)
*Faire tous les semis de betterave rouge, carotte, épinard, laitue, radis, navet. petits pois en décours de lune. Attention à nos amis les oiseaux friands de ces petites graines. Etablir au-dessus des planches, soit un filet, soit des fils tendus entre des piquets. Une autre technique consiste à tremper les graines dans un bain de paraffine tiède.

Quel temps pour demain ?

Quand les pies font leurs nids dans les branches basses, l'année sera venteuse ; si, au contraire, elles les font au sommet des arbres, il n'y aura ni orages ni grands vents.

Truc et astuce

Les traces de doigts s'éliminent avec de la mie de pain pétrie en boulettes.

14

Sainte Mathilde
Pâques en Mars, la faim dans les paniers.

La taupe au jardin

Un remède aussi efficace que les pièges ou pétards gazeux consiste à introduire dans les taupinières des chiffons imbibés d'huile moteur.
La taupe a le nez fin et va creuser un peu plus loin.
La boule de naphtaline glissée dans la taupinière est un excellent repoussoir de la taupe.

« Une taupe dans un pré,
Un sergent dans le village
Et dans la vigne un noyer
Sont capables de tout gâter. »

Tradition

La charentaise
Objet mythique à la maison, elle est apparue au 17ème siècle, sous Louis XIV.
Elle fut inventée par un jeune cordonnier à La Rochefoucauld, qui eut l'idée d'aller récupérer dans les manufactures textiles de la ville des chutes de draps bleu foncé des uniformes de la marine royale pour le dessus et de découper les semelles dans des vieux feutres de papeterie.
Originale, la charentaise n'a jamais eu ni pied gauche ni pied droit et reste une valeur sûre de notre patrimoine depuis trois siècles. Indémodable, inimitable, chaude, silencieuse, colorée et créative de nos jours, elle s'adapte aux pieds de ses propriétaires et reste le symbole du bien-être à la maison.

15

Sainte Louise
Mars venteux
Vergers pommeux.

16

Sainte Bénédicte
Pluie de Mars grandit l'herbette
Et annonce souvent disette.

La bonne lune pour greffer

Quand on fait des greffes il faut consulter la lune et greffer toujours en lune nouvelle. Autant la lune a de jours, autant on aura d'années sans récolter des fruits sur les greffes.

Recette de terroir

Pour faire du petit salé, prendre la viande de préférence dans le jarret, le haut des côtes ou la palette.
Dans un grand saloir en grès, garnir le fond de gros sel gris, 3 ou 4 clous de girofle, de la muscade, quatre épices, poivre, thym et laurier. Mouiller chaque morceau de viande et disposer dans le saloir par couches successives la viande et le sel. Recouvrir le tout de sel et d'aromates comme au fond du saloir. Mettre un torchon et le couvercle. Laisser au frais dans la cave.

Le langage des fleurs

Le bégonia
« Amitié cordiale »
Le père Plumier baptisa Bégonia une plante qu'il rapporta d'Amérique en l'honneur d'une personnalité blésoise Michel V Bégon. Ce trésorier de la marine nommé par Colbert était un collectionneur. Homme cultivé et curieux passionné de sciences naturelles, il envoya en Amérique le Père Plumier pour y récolter des plantes inconnues.

Personnage célèbre de nos terroirs

Le véritable fondateur de la graphologie est l'abbé charentais Jean Hippolyte Michon (1806-1881), pionnier en matière de recherche archéologique et d'histoire locale. C'est lui qui baptisa cette science en fusionnant deux mots grecs graphein, écrire et logos, science. Il fut le premier à donner des bases scientifiques à l'analyse des écritures et il publia en 1875 son « système de graphologie ».

17

Saint Patrice
Sème tes pois à la Saint Patrice,
Tu en auras tout ton caprice.

18

Saint Cyrille, Saint Alexandre.
A Saint Alexandre
Adieu les cendres.

La bonne lune au jardin

Semer des radis en première lune montante de mars ils ont une grosse racine et peu de fanes. Pendant 3 ou 4 mois on peut semer des radis toujours en lune montante. Semer en lune descendante, ils poussent en feuilles.

Au verger

Le pêcher atteint de la « cloque » arrive à refaire son feuillage mais plus de fruit. Pour éviter ce drame on peut traiter à la bouillie bordelaise au débourrement, à la floraison et à la chute des feuilles. Un autre moyen consiste à planter de l'ail à l'aplomb des branches.

19

Saint Joseph
Qui veut des bons melons,
Qu'il les sème pour la Saint Joseph.

Au jardin

Pour se débarrasser d'un trop plein de lombrics dans le jardin, faire macérer dans un litre d'eau pendant une journée une dizaine de marrons d'Inde écrasés. C'est sans danger pour les plantes et les semis.

Remède de grand-mère

Contre les cors et durillons, faire macérer des pétales de lis neuf jours dans du vinaigre. Appliquer un pansement. On peut aussi faire chauffer une gousse d'ail et l'appliquer encore chaude maintenue par une bandelette. Renouveler plusieurs fois par jour.

Truc et astuce

Pour boire frais sans réfrigérateur, envelopper les bouteilles dans une serviette éponge bien mouillée. Mettre les bouteilles et leur enveloppe dans un récipient contenant 3 à 4 cm d'eau. Placer le tout dans un courant d'air. Deux ou trois heures après, le liquide des bouteilles sera frappé.

20

Saint Herbert
Des fleurs qui s'ouvrent en Mars,
On n'en a que le regard.

Personnage célèbre de nos terroirs

André Thévet, aumônier de Catherine de Médicis, né à Angoulême en 1504, grand voyageur ramena et planta la graine qui donna « l'herbe angoumoisine ». Mais c'est Jean Nicot, plus proche des faveurs de la reine qui s'appropria l'invention de cette plante, le tabac ou « herbe à Nicot ».

Charade saintongeaise

Mon premier passa la langue
Mon second se passa de guerre
Mon troisième passe à l'apéritif
Mon quatrième passe à côté
Mon tout est une des fiertés de la Saintonge

21

Sainte Clémence, Saint Benoît
S'il pleut le jour de la Saint Benoît,
Il pleut 37 jours plus tard.

Au jardin

L'odeur de l'herbe aux chats attire les matous mais éloigne rats et souris.
Cultivé dans un coin du jardin, on peut en faire des infusions efficaces contre le rhume

Saint guérisseur

Saint Benoît est dermatologue. Il est invoqué contre les dermatoses, impétigo, affections croûteuses des bébés et tous les bobos des nourrissons.

22

Sainte Léa
Jamais pluie de printemps
N'a passé pour mauvais temps.

Le langage des fleurs

LA PRIMEVÈRE
« Jeunesse, candeur ».
Cette plante s'épanouit dès le mois de mars et symbolise l'arrivée du printemps.

Quand on entend l'hirondelle
Avec le premier beau jour,
Du printemps qui la rappelle
Annoncer l'heureux retour ;
Tu fleuris, ô primevère
Au sein du naissant gazon,
Et tu sers de messagère
A la nouvelle saison.

23

Saint Victorien

Quand à glace, il gèle à la Saint Victorien,
En pêches, en abricots, il n'y a rien

Un vieux métier

Le colporteur

On l'appelait aussi «brocanteur», «mercandier», «baladeur», «bricoleur», «truqueur». Il allait de village en village, de hameau en hameau, de chaumière en chaumière avec sa «balle» (d'où les mots ballot et baluchon) sur le dos, sorte de hotte en bois d'1 mètre 20 de hauteur et de 50 à 60 cm de large. Les plus riches parcouraient les routes en voiture à bras ou en voiture à cheval.

C'est lui qui apportait les nouvelles, les almanachs, les livres, les images pieuses et toutes sortes de petits objets : du fil, des aiguilles, de la dentelle, des bijoux de pacotille, des crayons, du papier, du café, des allumettes, des hameçons ou des mèches d'amadou. Certains étaient spécialisés rémouleur, quincailler, chaudronnier, d'autres achetaient des peaux de lapins, des cheveux ou des dents…

Au 18ème siècle, on lui interdira de vendre des écrits hostiles à la religion, sous peine de mort.

Truc et astuce

Pour éviter que le lait ne déborde de la casserole, déposer au fond de celle-ci une bille en verre qui se mettra à tinter dès que le lait commencera à bouillir. Réagir rapidement.

24

Sainte Catherine de Suède

Il faut que Mars sèche les balcons et qu'Avril les mouille.

Recette de terroir

Poulet sauté au vinaigre de vin

1 poulet, 1 oignon, 1 carotte coupée en rondelles, 1 ou 2 gousses d'ail, purée de tomates, un fond de veau, 1 verre de vinaigre de vin, un peu de farine.

Faire rissoler le poulet découpé en morceaux, avec l'oignon et la carotte.

Mettre les morceaux dans une casserole, ajouter l'ail écrasé et la farine, bien mélanger puis déglacer avec le vinaigre de vin.

Ajouter le fond de veau et la purée de tomates,

Faite cuire 25 à 30 mn selon la grosseur du poulet,

Mettre dans un plat et verser la sauce sur les morceaux,

Servir avec des pommes de terre sautées.

Charade de Saintonge

Mon premier remonte aux origines
Mon second se fait rayon par rayon
Mon troisième noua
Mon quatrième s'entonne
Mon cinquième se ceint
Mon tout sert à trinquer dans le Cognaçais

25

Annonciation à Notre Dame
Pour le 25 Mars, pré et treille garderas,
Ou la peau du cul tu y laisseras.

Au jardin

Les tiges d'orties, non fleuries, sont un excellent engrais vert. Le bon truc consiste à en enfouir au pied de chaque plant de tomate au moment du repiquage.

Le temps qu'il a fait

Ce 25 Mars 1955 un temps exceptionnellement chaud touche temporairement la France : il fait souvent plus de 25° sur les régions du centre et jusqu'à 29°4 à Bourges, 25°7 à Paris. Il fait même 31° à Pau !

26

Sainte Larissa
Pâques en Mars,
Pestes, guerres ou famines.

Recette de terroir

Oseille au jus
1 kg d'oseille, 80 g de beurre, sel, poivre, 5 cuillères de jus de veau ou de volaille, croûtons de pain beurrés, 2 jaunes d'œuf.
Eplucher et laver l'oseille à l'eau fraîche, Faire bouillir de l'eau non salée, quand elle bout, jeter l'oseille et laisser cuire 3 ou 4 mn,
Retirer l'oseille et l'égoutter dans une passoire fine, puis la hacher finement,
Mettre l'oseille dans une casserole avec 80 g de beurre, saler, poivrer, la cuire jusqu'à ce qu'elle soit bien fondue,
Ajouter le jus de veau ou de volaille et 2 jaunes d'œuf battus, bien mélanger,
Préparer 6 ou 8 croûtons beurrés et les disposer sur la purée d'oseille. Servir chaud.

27

Saint Habib
Gelée du mois de Mars,
Donne le blé aussi le lard.

Les mots du cœur

On peut avoir du cœur, bon cœur, le cœur sur la main ou au contraire être sans cœur, avoir le cœur de pierre. On peut être de tout cœur et avoir le noble cœur.
On a le cœur serré, gros sur le cœur, il faut vider son cœur, on sait quelque chose par cœur et garder quelque chose sur le cœur
Parler à cœur ouvert, du fond du cœur, avoir un amant de cœur, être un bourreau des cœurs, faire le joli cœur, avoir un cœur d'or, du cœur à l'ouvrage, du cœur au ventre, faire contre mauvaise fortune bon cœur, avoir le cœur léger ou le cœur lourd, le cœur gros, parler avec la voix du cœur. On peut refuser son cœur, aimer de tout cœur, trouver le chemin du cœur, parler à cœur ouvert, avoir mal au cœur, des hauts le cœur et .... certainement beaucoup d'autres....

28

Saint Gontran
S'il gèle à la Saint Gontran,
Le blé ne deviendra pas grand.

Recette de terroir

Canard au muscadet
1 beau canard élevé au grain, 1 bouteille de muscadet, 400 g de jarret de veau, 400 g d'oignons coupés en deux, 400 g de carottes coupées en deux, 1 bouquet garni, 90 g de grains de raisin.
Commencer à préparer la veille en faisant mijoter à feu doux la moitié du muscadet, le jarret de veau, oignons, carottes, bouquet garni et 0,5 l d'eau, filtrer, laisser refroidir et dégraisser.
Le jour même, mettre le canard au four chaud pendant 20 mn,
Faire chauffer le reste du muscadet dans une cocotte puis ajouter et faire cuire le canard de 1 heure à 1 heure 30 mn à feu doux,
Faire chauffer le bouillon froid sans laisser bouillir puis incorporer progressivement le beurre, ajouter les grains de raisin en continuant à remuer,
Surveiller la cuisson puis découper le canard et servir chaud arrosé de sauce.

Se lever tôt guérit de tout.
Clémenceau

29

Sainte Gladys
Mars mou, grain par les mottes.

30

Saint Amédée
Le vent du jour du buis dure autant que lui.

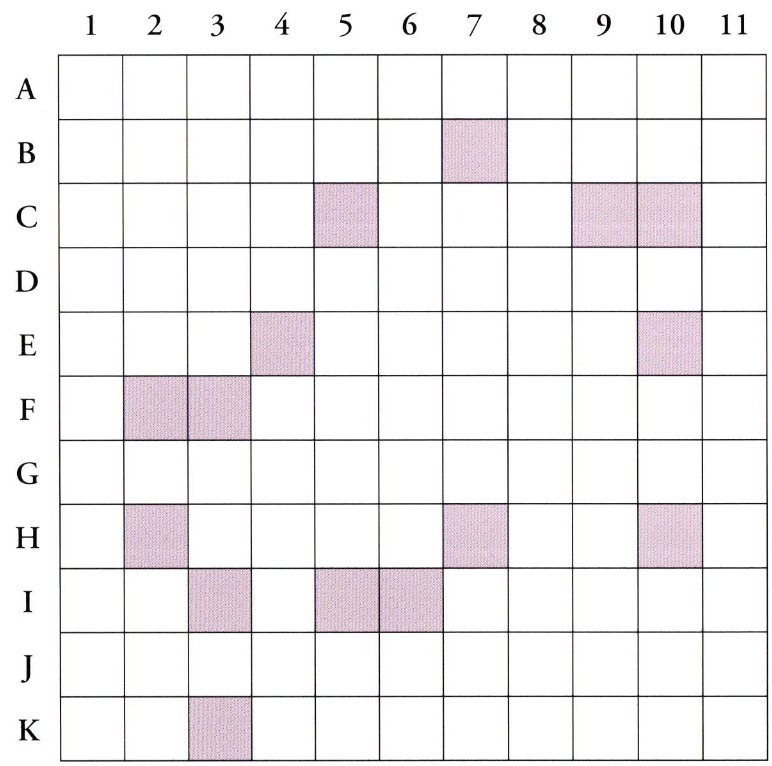

HORIZONTALEMENT :

A-habillerons, par exemple du costume traditionnel de Royan. **B**-production saintongeaise ; pas tout à fait blanc. **C**-équivalent occitan de l'aive saintongeaise ; va au casse-pipe. **D**-tirâmes, par exemple en rade de Rochefort. **E**-vieux roi ; entendra. **F**-mal élevés. **G**-donnaient de la quille dans un haut-fond, comme il se peut en vue de la Saintonge. **H**-vers Sète ; voie. **I**-au cimetière ; bon pour la peau. **J**-employaient. **K**-hors ; voie.

VERTICALEMENT :

1-saintongeaise. **2**-fait respirer la sardine ; envoi. **3**-grecque ; donne le ton. **4**-reclassement de Toto ; ville et production saintongeaise. **5**-ville ; période de poing ; facteur. **6**-rancunière ; bout de raphia. **7**-préleva ; grecque. **8**-irais de nouveau, peut-être en Acadie. **9**-près d'oïl ; très claires. **10**-nouvelle République ; préposition ; mal nié. **11**-restante, comme certaine tradition saintongeaise.

31

Saint Benjamin
A la Saint Benjamin,
Le mauvais temps prend fin.

Avril

Bélier
21 mars au 20 avril

Le proverbe du mois
« Si l'on savait ce que l'ail vaut on en planterait des journaux »[(1)]

[(1)] journal : surface labourée par un ouvrier en une journée.

1

Saint Hugues
Avril entrant, coucou chantant,
Sonnailles tintant.

2

Sainte Sandrine
Avril a fait la fleur,
Mai en a l'honneur.

Tradition

Le 1er avril

Jusqu'en 1564, on avait l'habitude d'offrir un cadeau le jour de l'an, le 1er avril ou le 25 mars.
Par ordonnance le 9 août 1564, Charles IX institua le début de l'année le 1er janvier. Par habitude ou opposition, on continua à offrir un cadeau symbolique, histoire de s'amuser, de faux poissons par exemple. Une croyance populaire voulut même que jouer un tour le 1er avril, avant midi, porte bonheur.

La plante du mois

Le pissenlit

Ses feuilles mais surtout sa racine sont excellents contre les engorgements du foie et pour activer le cours de la bile. Il a aussi des propriétés diurétiques et laxatives. Préparer un suc de racines et de tiges fraîches qu'on écrase et qu'on presse dans un linge.
Faire le mélange suivant que l'on met dans un flacon bien bouché : 100 g de suc, 20 g d'alcool à 60°, 20 g d'eau 10 g de glycérine.
Prendre une cuillère à café après le repas dans une tasse d'infusion de tilleul ou de mauves et sucrer avec du miel.
On peut aussi faire bouillir la plante entière pieds et racines dans 0,5 litre d'eau pour faire une tisane.

Pour enchainer les peuples, on commence par les endormir.

Marat

Montmorillon

3

Saint Richard
Au mois d'Avril, toute bête change de poil.

4

Saint Isidore
En Avril, ne te découvre pas d'un fil.
En Mai, fais ce qu'il te plaît.

La bonne lune au jardin

On sème les choux et les salades en vieille lune, pour qu'ils pomment. Plantées à contre sens, les salades montent, les pommes de terre fleurissent tout le temps, les fleurs de cornichons deviennent folles. La nouvelle lune est en rapport avec la multiplication, la vieille lune avec la fructification.

Truc et astuce

Pour que vos mains retrouvent un bel éclat après les travaux de bricolage ou de jardinage, les frotter fortement avec du marc de café et bien rincer ensuite.

Au verger

Ne jamais traiter en pleine floraison :
1° cela ne servirait à rien,
2° on risque de faire geler les fleurs plus facilement et d'empoisonner les abeilles. N'oublions pas que ces insectes contribuent à la fécondation des fleurs femelles par l'apport du pollen pris sur les fleurs mâles et transporté de fleurs en fleurs. C'est l'insecte le plus efficace et le plus utile. Il faut donc en prendre grand soin.

Charade poitevine

Mon premier barde
Mon second opine
Mon troisième bat
Mon tout est un port

5

Sainte Irène, Saint Vincent F.
Avril entrant comme un agneau
S'en retourne comme un taureau.

Personnage célèbre de nos terroirs

Chaptal Jean Antoine
La mise au point de la chaptalisation des vins va immortaliser son nom. De 1815 à 1819, à Amboise, dans le domaine de Chanteloup il va développer l'élevage des moutons mérinos et la culture de la betterave sucrière, récoltant 60 tonnes à l'hectare dont il exposera dans le détail les principes dans son *Mémoire sur le sucre de betterave.*

Le langage des fleurs

L'Oeillet
« Blanc c'est l'amour, rouge l'énergie »
Selon la légende mythologique, Diane de fort mauvaise humeur rencontra un beau jeune homme et lui arracha les yeux. Ne sachant plus qu'en faire, bien que les trouvant fort jolis, elle les jeta sur les bords du chemin. Ils germèrent immédiatement sous forme d'œillets.
Les aristocrates conduits à la guillotine le portèrent à la boutonnière comme les soldats du grand Condé pendant la Fronde. Il symbolisait alors le courage.

6

Saint Marcellin
Lune d'Avril,
Ne passe pas sans gelée.

Charade Poitevine

Ma première est dure quand elle saisit
Mon second est dur quand il frappe
Ma troisième est dure quand elle bâtit
Mon quatrième est dur quand il est trop cuit
Mon tout est une gloire militaire

7

Saint Jean Baptiste de la Salle
Pluie d'Avril remplit grange et fenil.

8

Sainte Julie
Tonnerre d'Avril
Est signe de gel, mais prépare barrique et baril.

Tradition

Les œufs de Pâques que l'on offrait aux amis, aux enfants doivent avoir plusieurs couleurs. Le bain chaud d'orties les teint en vert, les violettes en violet, les pelures d'oignons en jaune, le marc de café en marron.

Le saviez-vous ?

L'origine des couteaux à bouts ronds serait que le Cardinal de Richelieu, irrité de voir ses gentilshommes se curer les dents à table avec la pointe de leur couteau, promulgua un décret en 1669 et demanda à son coutelier d'en arrondir les bouts.

9

Saint Gautier
Au mois d'Avril,
Le lin fait sur fil.

La bonne lune au jardin

Plante ce qui descend, carottes, navets, salsifis en lune nouvelle et ce qui monte, laitues, choux, poireaux en lune vieille.
Repiquage des semis de tomates sous chassis dans un bon terreau.

Au verger

Dès le 1er avril, commencer les greffes en fentes et en couronnes sur les cerisiers, poiriers, pommiers, pêchers et pruniers. Si les greffons doivent être exempts de végétation, les porte-greffe doivent être en période de végétation, c'est à dire avoir plusieurs feuilles.

Tradition

Le jour de Pâques, tout doit être propre, lavé et frotté dans la maison. Ce jour-là, on doit mettre ses plus beaux habits. Au repas de midi, il est de tradition de manger un pâté dans lequel se trouvent des oeufs et de l'oignon.

10

Saint Maxime, Saint Fulbert
Il n'est point d'Avril si beau,
Qu'il n'est de neige à son chapeau.

Recette de terroir

Le pâté de Pâques

400 g de viande hachée composée de 300 g de veau et 100 g de chair à saucisses nature, 2 oignons hachés, 2 blancs de poulet crus coupés en petits morceaux, 2 oeufs, 2 cuillères à soupe de crème fraîche, 1/2 cuillère à café de graines de coriandre concassées, 2 petites pincées de muscade, 1 pincée de thym, sel, poivre, 1 petit bouquet de cerfeuil et ciboulette, 3 cuillères à soupe d'huile d'olive, ¾ de verre de vin blanc sec, 2 paquets de pâte feuilletée de 250 g, 2 œufs durs.

Mettre à mariner 1 heure la viande hachée et le blanc de poulet dans un bol avec le vin blanc et l'huile d'olive,
Egoutter les viandes et ajouter les oignons, la coriandre, le thym, la crème, la muscade, les fines herbes, sel, poivre et les deux œufs,
Etaler la pâte feuilletée en deux rectangles,
Répartir la farce sur un rectangle de pâte et poser les 2 œufs durs bout à bout au centre de la viande,
Rabattre la pâte sur la viande et recouvrir avec le second rectangle de pâte,
Mouiller les bords de la pâte pour faire adhérer, puis faire une petite cheminée à l'aide d'une feuille de papier sulfurisé et passer la pâte avec un œuf battu pour donner un beau doré.
Mettre au four chaud (200°) pendant 30 à 35 mn,
Servir froid ou chaud avec une salade verte.

11

Saint Stanislas
Au mois d'Avril plante l'oignon comme un fil.

12

Saint Jules
Tonnerre en Avril,
Défoncez vos barils.

Recette de terroir

Le Broyé du Poitou

500 g de farine, 250 g de beurre, 250 g de sucre en poudre, 1 pincée de sel, 2 oeufs, dont 1 pour dorer. Travailler le beurre mou avec le sucre, le sel.

Ajouter un oeuf et la farine. Bien pétrir à la main en brisant la pâte en petits morceaux puis la mettre en boule. Étaler la pâte au rouleau sur environ 1 cm d'épaisseur en donnant une forme ronde. Disposer la pâte sur une tôle à pâtisserie et dorer à l'oeuf battu. Décorer le dessus à l'aide d'une fourchette. Mettre au four chaud à 180° pendant environ 20 minutes.

Pour partager un broyé, il faut le poser sur une grande table, lui donner un coup de poing dessus, juste au milieu. Il se broie aussitôt en morceaux qu'il n'y a plus qu'à déguster.

Pour les communions, on faisait un grand broyé de 70 cm de diamètre qui était présenté à chacun sur une planche recouverte d'un linge blanc.

Pour les mariages, on faisait un grand nombre de petites galettes d'environ 10 cm de diamètre qui étaient distribuées à l'église.

Truc et astuce

Un dessus de cheminée ou de commode en marbre se nettoie avec un jus de citron, puis laver avec une eau savonneuse et rincer à l'eau froide.

La bonne lune au jardin

Planter les chrysanthèmes à grosses fleurs le jour de la pleine lune d'avril. Le jour de la Saint Jean supprimer le gros bourgeon terminal en laissant trois branches à partir du sol. En septembre ou octobre on pourra travailler à la composition florale en supprimant les bourgeons superflus.

La vigne qui pleure

Une goutte d'eau large comme une pièce de cinq francs, vint s'aplatir sur le banc rustique où nous nous reposions.

Surpris je levai la tête, examinant le ciel : pas un nuage ne ternissait son azur

Tiens voilà qui est bizarre !

- C'est la vigne qui pleure, dit simplement mon voisin, vieux vigneron d'expérience.

Il m'expliqua, non sans quelque pitié pour l'ignorance des habitants des villes que la vigne lorsqu'elle vient d'être taillée, laisse pendant quelques jours suinter de la plaie du sécateur, l'excès des gouttes de la sève.

On dit même, ajouta mon voisin, que ces larmes de la vigne, si on les recueille avec soin, sont un remède excellent contre les maladies des yeux.

Je ne l'affirmerais pas, mais bien sûr ça doit valoir autant que les drogues d'apothicaires.

13

Sainte Ida
En Avril les nuées,
En mai la rosée.

Le Baudet du Poitou

« Il se trouve dans le Haut-Poitou des animaux qui sont presque aussi hauts que les grands mulets mais d'une figure différente. Ils ont presque tous le poil long d'un demi-pied sur tout le corps ; les boulets, les jambes et les jarrets presque aussi larges que ceux des chevaux de carrosses. » (description de 1717)
Si l'origine du baudet du Poitou est inconnue, on sait que sa réputation était grande dès le 18ème siècle. Sobre, robuste et courageux au travail, il fut exporté dans de nombreux pays au 19ème siècle.

14

Saint Valérien, Saint Bénezet.
Bourgeons à la Saint Valérien,
Les fruits ne sont plus loin.

Au rucher

La reine pond des milliers d'œufs, trois jours après, l'œuf est devenu ver. Au bout de neuf jours c'est une larve puis la nymphe et il faut 21 jours pour faire une abeille.
La population d'une ruche peut passer, suivant la température extérieure, de 20 000 à 65 000 abeilles en trois mois.
Une reine vit 5 ans, une abeille 46 jours en plein été. Par contre les abeilles qui naissent en fin d'année vivront 120 jours jusqu'au moment où elles recommenceront à travailler.

Le Baudet du Poitou

15

Saint Paterne
Le propre jour des Rameaux,
Sème oignons et poireaux.

Au jardin

Quelques graines de fève semées entre les rosiers attirent les pucerons.

Au verger

Pour accélérer, sans risques, la cicatrisation d'un arbre dont l'écorce a été arrachée, badigeonner la plaie avec une solution de sulfate de fer très diluée.

Le temps qu'il a fait

Le 15 avril 1683 « grande quantité de grêle à Châteaudun, où les grêlons sont gros comme des oeufs de pigeons ». Les vitraux de l'église sont partiellement cassés.

Truc et astuce

Pour extraire une vis rouillée, chauffer la tête de la vis avec la flamme d'une bougie ou chauffer au rouge un tournevis. Sous l'effet de la chaleur la vis va se dilater, agrandir le trou puis se rétracter. Normalement elle devrait se laisser enlever plus facilement.

16

Saint Fructueux, Saint Benoît Joseph Labre
Gel à Saint Fructueux,
Rend le vigneron malheureux.

Tradition

Les Rameaux
Le jour des Rameaux, il faut que les branches de buis soient en pleine fleur pour que le prêtre les bénisse. De retour à la ferme, la maîtresse des lieux les partage et les laboureurs vont planter un brin dans chaque champ ensemencé. Les vachers en mettent aux portes des écuries. On en accroche sur le crucifix au-dessus du lit et les veuves vont en porter une couronne sur la tombe de leurs époux.
Le buis bénit préserve aussi de l'orage. Celui cueilli la veille des Rameaux fait vêler les vaches à terme.
Enfin pour les Rameaux, si on peut avoir le buis entièrement fleuri à la maison, on aura de l'argent toute l'année.

La bonne lune au poulailler

Les poules continuent à couver. Les poussins fragiles craignent l'humidité et les rayons chauds du soleil de midi. Il faut leur aménager dans la cour de petits abris en branchages ou bien les enfermer.
Il paraît que les œufs mis à couver vers le dernier quartier de lune donneront un maximum de poulets. Par contre, pour avoir des poulettes, ce sera au premier.

17

Saint Anicet

Chanter le coucou a droit,
A moins qu'il soit mort de froid.

Les bêtes au jardin

La courtilière est aussi appelée taupe-grillon. Le mot vient du vieux français courtil qui signifie jardin. Pour s'en débarrasser autrefois, on arrosait les plates bandes avec de l'urine de cheval. A ce procédé qui avait l'inconvénient de tuer les vers de terre, il est préférable d'utiliser des pots de fleurs vides enterrés jusqu'au sommet. Les courtilières tombent dedans, il suffit de faire la récolte chaque matin.

Au poulailler

On dit que l'orage peut tuer le poussin dans l'œuf ou faire tourner les œufs qu'une poule couve. Pour conjurer la furie du ciel, on mettait des clous ou un fer à cheval dans les nids des poules.

18

Saint Parfait

Gelée d'Avril ou de Mai
Misère nous prédit au vrai.

Quel temps pour demain ?

Quand il grêle le tantôt, il y aura une gelée blanche le lendemain matin.

Le langage des fleurs

La sensitive

« Pudeur »

Une de nos reines se promenait un jour, entourée de ses demoiselles d'honneur, dans les serres d'un jardin royal. Elle vit une sensitive, plante alors fort rare en France. « Mesdemoiselles, dit-elle, ce petit arbuste a une singulière propriété : sa pudeur est telle, qu'il se flétrit si une femme qui s'est familiarisée avec un homme le touche seulement du bout du doigt. Pour vous en donner une preuve, je vais l'approcher et le faire faner en ma qualité de femme mariée ; puis vous ferez l'expérience après moi. » A ces mots, les demoiselles de rire comme des folles. Mais quand elles virent les feuilles de la plante frémir, s'agiter, se fermer et se pencher sur la tige, les rires cessèrent pour faire place à l'inquiétude ; la pâleur succéda aux roses de leurs joues, et toutes aimèrent mieux s'enfuir, au risque de déplaire à leur reine, que de tenter une aventure qui, sans doute, leur paraissait périlleuse.

19

Saint Léonide, Saint Emma, Saint Vernier
A Sainte Léonide
Chaque blé pousse rapide.

La bonne lune au jardin

Semer le maïs en lune vieille. Semé en nouvelle lune, il monte en tige et porte moins d'épis et plus petits.

Le langage des fleurs

La pensée
« Souvenir »
Offrir à une personne cette petite délicate petite fleur signifie simplement qu'on ne l'oublie pas.
Sa cousine, la pensée sauvage, est la sœur de la violette des bois. Les trois couleurs qui ornent ses pétales lui ont valu d'être appelée aussi Herbe de la Trinité, en hommage à Sainte Trinité.

Truc et astuce
La vannerie jaunie se frotte d'abord avec une éponge humide puis un jus de citron.

20

Sainte Odette
Les pluies d'Avril,
Remplissent caves et barils.

Quel temps pour demain ?

Le vent bénit le dimanche des Rameaux en même temps que les brins de buis indique le temps qu'il fera. Si c'est le vent d'ouest, le temps sera pluvieux une bonne partie de l'année, si c'est le vent du nord il fera froid, si c'est le vent du sud, il sera chaud et orageux.

Tradition
La fête de la Rozière de Brigueil-l'Aîné
« Le jeune métayer sera domicilié depuis au moins 10 ans sans interruption exploitant une métairie au labourage d'au moins deux vaches qui sera reconnu le meilleur père de famille, le plus laborieux, le plus intelligent, ne fréquentant pas les cabarets, ayant un verger le mieux soigné, ses champs les mieux cultivés, ses prés les mieux étaupés, donnant journellement à la ferme par la bonne tenue de ses granges l'exemple du paysan tel qu'il devrait être au village. La jeune fille de la commune sera reconnue, la plus laborieuse, la plus sage, la plus soumise à ses père et mère, la plus digne en un mot par la régularité de sa conduite et son bon caractère, de servir d'exemples aux autres filles de son âge ».
Instaurée au 19ème siècle cette charmante tradition continue à récompenser le dimanche de Pâques un jeune homme et une jeune fille exemplaires dans leurs attitudes. Cortèges, fanfare, messe, personnalités sont conviés à cette fête unique. A l'origine, il était même prévu, par les autorités locales, une distribution de cent kg de pain aux pauvres ayant un domicile de secours dans la commune.

21

Saint Anselme, Saint Simon
Avril le doux qui tonne est le pire de tous.

Tradition

Autrefois quand les mères partaient aux champs avec les enfants pour garder les bêtes on donnait généralement aux petites filles pour les faire tenir sages des « catins ». C'étaient en fait des épis de maïs encore verts qui ressemblaient grossièrement à des poupées emmaillotées. Mères et filles chantaient alors cette petite ritournelle :

« Miton, mitaine,
Ta jambe de laine
Ton corps de son,
Saute, catin ! »

Au jardin

Pour lutter contre le ver du poireau on peut verser quelques gouttes d'eau de Javel dans le cœur du poireau ou mettre des coquilles d'oeufs sur de petits bouts de bois. Une autre technique consiste au moment du semis à mélanger aux graines de poireau des grains de poivre en quantité suffisante.

22

Saint Georges, Sainte Opportune
Pluie le jour de Sainte Opportune,
Ni cerises, ni prunes.

Quel temps pour demain ?

Une tradition populaire du Poitou affirme « qu'il n'y a pas de samedi sans soleil ». La Vierge Marie, dit-on, avait l'habitude de faire sa lessive ce jour-là. Dieu dans sa grande clémence décida de lui envoyer chaque samedi un rayon de soleil pour sécher son linge et depuis il a tenu parole ???

Saint guérisseur

Saint Georges est invoqué pour guérir les convulsions des enfants.

Charade poitevine

Mon premier peut se poser à un vieux professeur
Mon second peut concerner un vieux marchand
mon tout est une capitale de l'image

23

Saint Alexandre
Vent des Rameaux dure l'année

Le marais poitevin

Plus vaste des zones humides de la façade atlantique française, le Marais Poitevin respire depuis des siècles au rythme des chemins d'eau qui relient les hommes dans un dédale de cultures et de pâturages, entre les rigoles bordées d'aulnes, de peupliers et de saules. Ses eaux couvertes de lentilles d'eau lui ont donné le surnom de « Venise verte », comme se plaisait à l'écrire Henri IV à sa maîtresse Corisande.
« Une légende raconte que le géant Gargantua venant de La Rochelle et se dirigeant vers Niort, à la suite d'une fête bien arrosée se vit contraint de s'arrêter pour vider le trop plein de ses festoiements. Posant un pied sur la cathédrale de Luçon, l'autre sur le clocher de l'église de Niort, et se tournant vers l'ouest, il fit le geste libérateur qui, tout en le soulageant, inonda un pays qu'il arrosait ainsi jusqu'à la mer : c'est ainsi que le Marais Poitevin fut conçu. »

24

Saint Fidèle
Entre Saint Georges et Saint Marc,
Est un jour d'hiver en retard.

Saint guérisseur

Dans l'Indre, on apporte des marmots en cire à Saint Grenouillard pour avoir des enfants.

Les dégâts commis par l'oiseau sont le morceau de pain que donne l'homme pour payer les services rendus.

A Menegaux

25

Saint Marc
A la Saint Marc, s'il tombe de l'eau,
Pas de fruits à couteau.

26

Sainte Alida, Saint Anaclet
Quand Saint Marc n'est pas beau
Pas de fruits à noyau.

Recette de terroir

Soupe de cresson

Une botte de cresson, bouillon de pot-au-feu, quelques pommes de terre, pain rassis.

Eplucher et laver très soigneusement une belle botte de cresson,

Hacher finement les feuilles,

Faire cuire les pommes de terre dans le bouillon de pot au feu,

Lorsque les pommes de terre se fondent, les écraser dans le bouillon jusqu'à faire une purée très légère,

Ajouter le cresson haché et un bon morceau de beurre, mélanger et faire cuire quelques minutes. Servir dans une soupière avec ou sans croûtons. On peut ajouter de la crème fraîche.

la bonne lune au jardin

Les premiers semis de haricots se font à la Saint Marc et on complète les semis huit jours après la nouvelle lune car les fleurs tombent si les graines sont mises en terre au début de la nouvelle lune.

27

Sainte Zita
En Avril s'il tonne
C'est nouvelle bonne.

Au jardin

Le savon de Marseille et tabac gris contre les pucerons
Dès l'apparition de ces sales petites bêtes sur les plantes, les asperger copieusement d'une solution d'eau savonneuse à 10%.
Une autre méthode, efficace sur les rosiers, consiste à laisser macérer pendant une semaine un paquet de tabac gris dans 10 l d'eau.

28

Sainte Valérie, Sainte Prudence
Vent qui souffle le jour des Rameaux,
Ne changera pas de sitôt.

Recette de terroir

Le Farci du Poitou

1 chou, 8 poignées d'oseille, 2 laitues, 8 côtes de bette, 2 blancs de poireaux, 1 poignée de persil, 1 poignée de ciboulette, 750 g de lard frais et poitrine fraîche, 2 cuillères à soupe de farine, 10 oeufs, cognac, crème fraîche, sel et poivre, épices.
Prendre quelques grosses feuilles de chou et les ébouillanter en prenant garde à ne pas les casser. Dans un égouttoir, étaler le filet à farci puis le garnir avec les feuilles de chou en veillant à ce qu'il n'y ait aucun trou. Laver, égoutter puis couper très finement l'oseille et le reste du chou, les côtes de bette, la salade, les blancs de poireau, la ciboulette et le persil. Couper le lard et la poitrine en dés, les faire revenir dans une cocotte. Ajouter le chou, le poireau, les bettes, et le reste des légumes. Bien mélanger. En fin de cuisson, ajouter la farine, les oeufs battus, la crème fraîche, le sel et poivre, épices et un verre à liqueur de cognac. Verser le tout dans le filet à farci contenant les feuilles de chou, tirer la ficelle et bien serrer. Laisser cuire 3 h environ dans l'eau bouillante avec du thym et laurier. Laisser refroidir 24 h, couper le farci en tranches au moment de servir.

Truc et astuce

Pour éliminer l'odeur du tabac, rien de tel que de faire brûler des peaux d'orange sèches.

29

Sainte Catherine de Sienne
Lune rousse,
Vide bourse.

30

Saint Robert, Saint Eutrope
A la Saint Robert,
Tout arbre est vert.

Marais Poitevin

	1	2	3	4	5	6	7	8	9	10	11
A											
B											
C											
D											
E											
F											
G											
H											
I											
J											
K											

Horizontalement :

A-fera avancer, dans le marais, sa barque plate. **B**-poignée double. **C**-comme les frênes, souvent taillés en têtards ; mariée. **D**-commençasse à dresser une jument mulassière. **E**- du pinot noir, par exemple ; fin de partie ; article espagnol. **F**-vendue ; spécialité culinaire. **G**-roulement ; double. **H**-récente ; St-Jacques à Parthenay. **I**-dédié à l'image. **J**-sécurité sociale ; obtenu ; éclate. **K**-reconnaître.

Verticalement :

1-rentables. **2**-Projeter ; gratta. **3**-courant comme un baudet dans un pré. **4**-garantit le souffle ; blousé. **5**-connu ; dépouiller. **6**-cœur de tige ; axe ; reconnaît. **7**-glissants. **8**-Passera ; voyage complet ; chant court. **9**-cœur de méduse ; corrige. **10**-bout de route ; pas comme le marais ! ; capable. **11**-spécialité niortaise.

Mai

Taureau
21 avril au 21 mai

le proverbe du mois
« La bourse d'un amant est liée avec une feuille de poireau. »

1

Saint Joseph, Fête du travail
Mai frileux, an langoureux
Mai fleuri, an réjoui, Mai venteux, an douteux.

Le langage des fleurs

Le muguet

« Retour du bonheur »

C'est la fleur du 1er mai. On l'appelle clochette des bois, lis de mai mais aussi « Larmes de Notre-Dame » parce qu'il serait né dans les larmes de Marie au pied de la croix.

Tradition

On ne se marie pas en Mai

Se marier en mai porte malheur car c'est le mois dédié à la Vierge Marie. C'est le mois des rogations, ces processions religieuses les jours qui précèdent l'Ascension pendant lesquelles on chante des cantiques en implorant la bénédiction divine pour avoir de bonnes récoltes. Mais si une fille souhaitait passer outre la tradition séculaire du mois de Marie, elle devait porter le jour de la bénédiction «quelque chose de neuf, quelque chose de vieux, quelque chose de bleu et quelque chose d'emprunté».

Par contre, pour indiquer qu'il y avait dans les fermes une fille à marier, la coutume voulait que l'on plante le «Mai» (branche d'aubépine) sur le tas de fumier dont l'importance était proportionnelle à la dot.

2

Saint Boris
Mai fait le haricot,
Pourvu qu'il le trouve sarclé.

La plante du mois

La violette

« Modestie »

Les fleurs de violette sont réputées pour leur action sur la toux et les bronchites, les feuilles calment les rhumatismes. Les racines ont un léger effet vomitif. Le sirop de violette se prépare en faisant bouillir 100 g de pétales dans un litre d'eau. Laisser infuser douze heures dans un récipient couvert. Passer dans un linge en exprimant le suc. On laisse la liqueur décanter quelques heures et on ajoute 1,5 kg de sucre blanc pour un litre. D'une saveur délicate ce sirop est d'une belle couleur verte. On peut y ajouter 4 ou 5 g de racines.

Sans l'oiseau la terre serait la proie de l'insecte.

Michelet

3

Sainte Croix, Saints Philippe et Jacques
Sème tes haricots à la Sainte Croix.
Tu n'en auras guère que pour toi.

Au poulailler

Les volailles doivent pouvoir se défendre elles-mêmes contre les poux. Il faut leur aménager un « poudroir » où elles viendront se défaire de la vermine qui les agresse. Ce poudroir à l'abri des intempéries sera profond de 20 à 30 cm et rempli de cendres tamisées, de poussière de route, et de fleur de soufre.

Au verger

Pour se débarrasser des colonies de chenilles qui s'installent au bout des branches de certains arbres et que les beaux jours réveillent, un poison efficace consiste à préparer une décoction de brisure de tabac et à badigeonner les nids de chenilles avec un chiffon imbibé au bout d'une longue perche.
Une autre technique consiste à accrocher au bout des branches de petits morceaux de tissus en laine imbibés d'eau savonneuse. En quelques jours les chenilles seront venues y faire leur nid.

Remède de grand-mère

L'aubépine est efficace contre les troubles cardiaques et les maux de gorge. Les fleurs sont cueillies à la fin du mois puis mises à sécher pour être conservées.

4

Saint Sylvain
Bien peu vaut le blé,
Si Mai ne le quitte pas en épi.

Tradition

Au printemps, la première cueillette de cresson de fontaine avait une importance traditionnelle comme les premiers pissenlits ou les premières laitues du jardin.
Il fallait faire attention de ne pas ramasser le cresson dans les endroits où allaient boire les vaches ou les moutons en raison de la transmission possible de la douve du foie.

5

Sainte Judith
Petite pluie de Mai,
Rend tout le monde gai.

6

Sainte Prudence, Saint Jean Porte Latine
Pluie à la petite Saint Jean,
Les blés s'en vont dépérissant.

Tradition

En pays de Caux Le clos masure est un quadrilatère plus ou moins vaste, limité par un talus d'environ deux mètres de hauteur curieusement appelé *«le fossé »* et surmonté d'une ou deux rangées de hêtres parfois de charmes, de chênes ou d'ormes.
A l'intérieur, protégés des grands vents, on trouve les différents bâtiments d'exploitation de la ferme (étables, granges, porcheries, remises, buanderie, four à pain…), parfois un verger de pommiers à cidre, des mares pour les animaux
Signe d'aisance et de richesse, les plus beaux clos-masures possédaient un colombier.

Saint guérisseur

Saint Avertin est anglais de naissance vers 1120. Thomas Beckett, archevêque de Cantorbery, le fit assister au concile de Tours. Quand Beckett fut assassiné sur ordre du roi, Avertin revint en Touraine où il mourut en 1189. Il est invoqué contre les maux de tête et spécialement contre les vertiges.

Charade normande

Mon premier est le point du jour
Mon second additionne le contenant de nos deux navires
Mon troisième se rend
Mon quatrième imite parfois ce qui est d'ivoire
Mon tout finit en bouche ou en bouteille

7

Sainte Gisèle
Quand il tonne en Mai,
Les vaches ont du lait.

8

Saint Désiré
Au mois de Mai la chaleur,
De tout l'an fait la beauté.

Au jardin

L'eau de suie est insecticide et engrais.
On laisse macérer dans une bassine un sac en chiffon rempli d'environ 10 kg de suie de cheminée. Au printemps, on peut arro -ser les rosiers et les plantes en pot avec cette solution.

Le temps pour demain

Le trèfle des prés se ferme, l'orage arrive, la laitue s'épanouit et le liseron referme ses fleurs, il va pleuvoir, la pomme de pin s'ouvre il va faire beau, elle se referme, il va pleuvoir. Les gros chardons argentés et dorés des montagnes sont souvent utilisés comme baromètres cloués sur les portes des granges; s'ils se ferment, c'est signe de pluie.

Tradition

« Qui a lin a fortune ».

C'est dans la région de Doudeville, en pays cauchois, que l'on produit le plus de lin. La campagne cauchoise n'est sans doute jamais aussi belle que pendant ces brefs jours de fin juin où le bleu délicat des fleurs qui ne vivent que quelques heures vient se marier aux différents verts des céréales.
Le Pays de Caux est la première région productrice de France avec près de 10 000 ha autour de Doudeville et Luneray, là où le climat humide et les sols riches conviennent bien à une plante exigeante.
« Quinze jours de Mai, quinze jours de Juin amènent le lin » dit le proverbe. La récolte a lieu l'été. L'arrachage (le lin n'est pas coupé) a lieu vers la mi-juillet et laissé au sol pour rouissage de trois à huit semaines pour un ramassage début septembre. Le travail en usine va séparer la fibre textile utilisée d'abord en tissage puis en une foule de sous produits qui deviendront alimentation du bétail, torchons, sacs postaux, panneaux d'agglomérés…

9

Saint Pacôme
Bourgeons de Mai,
Emplit le chai.

Le langage des fleurs

L'ANÉMONE
« ABANDON »
Elle fut apportée des Indes orientales au 17ème siècle par M. Bachelier, fleuriste parisien. Il garda le secret pendant dix ans. Un conseiller du Parlement, jaloux de voir ce bijou dans les mains d'un seul homme rendit visite au fleuriste. En passant près des anémones il laissa tomber sa robe de bourre. Son laquais était au courant, il releva promptement la robe et des graines de la fleur avec elle.
L'année suivante, le conseiller usa largement de son larcin, et en fit part à toute l'Europe.

10

Sainte Solange
Tel jour brumeux en Mai, tel jour pluvieux en Août.

RECETTE DE TERROIR

LA TEURGOULE
Ce dessert typiquement normand appelé aussi « la terrinée » a été vraisemblablement imaginé par les marins vers la fin du 17 ème siècle, à l'époque où l'on pratiquait le commerce des épices.
A l'origine, ce plat était préparé dans le four du boulanger à la fin d'une chauffe.

« Pour s'remplir la goule
Y nous faut d'la teurgoule »

Pour 4 personnes 1 litre de lait entier, 90 g de riz rond, 70 g de sucre brun, 50 g de beurre, 1 pincée de cannelle.
Faire bouillir le lait et le verser sur le riz, le sucre, la cannelle
Mettre 4 à 5 heures au four à 150°,
Ajouter le beurre qui s'étale et dore la croûte,
Le résultat doit être moelleux, ni trop sec ni trop liquide et recouvert d'une fine croûte brune.
A servir avec un coup d'cid' doux ben gouleyant.

11

Saint Mamert, Saint Gengoult, Sainte Jeanne d'arc

Sème tes haricots à la Saint Gengoult, tu en auras beaucoup.

12

Saint Pancrace, Saint Achille,

Les trois saints au sang de navet, Pancrace, Mamert et Servais
Sont bien nommés les saints de glace,

Les saints de glace

En mai, il existe une période de quelques jours où des journées maussades et des coups de froid sont à redouter. Ces quelques jours sont situés vers les 11,12 et 13 mai, Saint Mamert, Saint Servais et Saint Pancras sont les saints de glace. Pour la plupart des régions c'est la période où l'on connaît les dernières gelées printanières.

Tradition

Autrefois il était de tradition, en Normandie, d'accrocher, dans la nuit du 1er Mai, une branche de sapin ou de bouleau ou d'épine blanche au-dessus de la porte des filles jeunes ou vieilles. Le mai devait rester une semaine au-dessus de la porte. Les garçons organisaient ensuite une quête chez toutes les filles pour préparer un banquet où l'on mangeait et dansait. Une bonne manière de faire connaissance.

Remède de grand-mère

Contre les brûlures d'estomac

Préparer un mélange de 50 g d'absinthe, 20 g d'anis étoilé, 30 g de serpolet, 20 g de mélisse, 50 g de menthe, 50 g de millepertuis.

Boire, en infusion, chaque soir après le repas, une tasse de ce mélange pendant deux semaines.

13

Saint Servais, Sainte Rolande
A la Saint Servais
Vous pouvez semer.

14

Saint Mathias
Après Pâques et Rogations,
Fi des prêtres et des oignons.

TRADITION

LE CAMEMBERT

C'est une fermière du nom de Marie Harel qui serait à l'origine du Camembert. Marie Harel (1761-1812) aurait abrité un prêtre réfractaire l'abbé Gobert, originaire de Seine-et-Marne, qui cherchait à échapper aux affres de la Terreur. Estimant le fromage de Marie un peu grossier et pour la remercier de son hospitalité, il lui confia le secret de son fromage. Dès lors, Marie Harel va donner à ses fromages des caractéristiques proches de celles que nous lui connaissons désormais : dimension 11cm, forme, consistance et saveur.

La notoriété et le succès du Camembert vont sauter deux générations puisque c'est Victor Paynel, petit fils de Marie Harel, qui en offrira à Napoléon III en visite à Argentan. Celui-ci l'appréciera tellement qu'il exigera qu'on le livre directement aux Tuileries. Le Camembert est lancé ! Un certain Ridel inventera la célèbre boîte en bois qui va permettre de le transporter plus facilement et d'en faire la promotion avec ses célèbres étiquettes. Pour glorifier Marie Harel, une stèle fut inaugurée à Camembert en 1927. Puis, une souscription lancée par un médecin américain : le docteur Joseph Knirim, permit d'élever une statue à Marie Harel à Vimoutiers, près des Halles, qui sera inaugurée par le président Millerand en 1928.

15

Sainte Denise, Saint Victorin
A la Saint Denise,
Le froid n'en fait plus à sa guise.

Le rossignol chante la nuit

On raconte qu'un jour de mai un rossignol, fatigué de ses efforts de la journée, ne rentra pas au nid et s'endormit dans une vigne.
De mai à juin, c'est l'époque où la vigne est la plus vigoureuse. Au matin la vigne avait tellement poussé que les vrilles avaient emprisonné notre oiseau.
Voilà pourquoi, depuis, le rossignol chante toute la nuit pour ne pas s'endormir et protéger sa femelle qui couve de mai à juin.

Remède de grand-mère

En lotion sur le visage, la fraise repose les traits et éclaircit le teint.
Presser 5 ou 6 grosses fraises à travers une mousseline. Mélanger le jus obtenu à un blanc d'œuf battu en neige. Incorporer 20 gouttes d'eau de roses et 10 gouttes de teinture de benjoin et remuer.
Appliquer cette lotion sur le visage avec un tampon d'ouate et la conserver une bonne heure. Laver ensuite à l'eau bicarbonatée (15 g par litre d'eau).

16

Saint Honoré, Saint Pèlerin
A la Saint Honoré
S'il fait gelée, le vin diminue de moitié.

Recette de terroir

Le Pommé
Le pommé est une sorte de confiture, sans apport de sucre, faite à la fois de pommes et de cidre, cuite et réduite très longtemps, Il faut 8 heures de cuisson à feu doux, 3 kg de pommes et 3 litres de cidre doux.
Dans une grande cocotte épaisse, mettre les pommes pelées et coupées en morceaux, Verser une bouteille de cidre doux, couvrir la cocotte et la placer à feu doux pendant 3 heures, en remuant pour que le pommé n'attache pas. Remettre une bouteille de cidre et cuire de nouveau 3 heures, toujours en remuant.
Au bout de 6 heures de cuisson, remettre une bouteille de cidre et cuire de nouveau 2 heures. La qualité de la pâte de couleur obtenue dépend des variétés de pommes utilisées.
Mettre en pots comme pour des confitures.

17

Saint Pascal
Mai fait le blé,
Juin fait le foin.

Au rucher

Mai, le mois des fleurs, le mois des nids, c'est aussi le mois des essaims.
Phénomène impressionnant, l'essaimage se produit chaque année à la même période entre mi-mai et mi-juin.
Plusieurs Reines vont naître, la première naissante va alors détruire les autres cellules royales afin de rester seule avec la titulaire.
Comme deux Reines ne peuvent pas cohabiter dans une même ruche, c'est l'ancienne qui va partir avec un paquet d'abeilles de 500 g à 2 kg (10 000 abeilles au kg). Cet essaim partira à la recherche d'un nouveau lieu, un tronc d'arbre, une cheminée, une branche d'arbre. L'apiculteur malin qui connaît les coutumes de ses pensionnaires aura prévu une «*ruchette piège*» pour abriter la nouvelle famille, sinon il faudra aller le récupérer dans la nature.

18

Sainte Juliette, Saint Eric, Saint Théodore,
Bon fermier à Sainte Juliette,
Doit vendre ses poulettes.

Personnage célèbre de nos terroirs

Erik Satie
Naissance à Honfleur le 17 mai 1866. Musicien, ami de Debussy, il ne peut se départir d'un esprit de révolte. Il compose des œuvres strictes qui s'orienteront vers des créations de plus en plus dépouillées et des recueils assortis d'annotations burlesques, *Trois morceaux en formes de poires, véritables préludes flasques pour un chien* … Il meurt à Paris le 1er juillet 1905.

19

Saint Yves
La pluie de Mai ne vide pas le grenier.

La bonne lune au jardin

Attendre la fin des Saints de glace pour planter tomates, concombres, cornichons, courgettes, aubergines, poivrons à la fin de la nouvelle lune ou au début de la pleine lune.
Butter les pommes de terre.

Saint guérisseur

Saint Yves est prié pour la protection des faibles, mais aussi pour calmer les douleurs.

CHARADE

Mon premier est un exemple intéressant
Mon second amuse
Mon troisième est en haut sur la carte
Mon quatrième ne doit pas être cru
Mon tout est un paysage typique

20

Saint Bernardin
Gelées à la Saint Bernardin,
Adieu à ton vin.

Le temps qu'il a fait

« Depuis la fin février jusqu'au mercredi 20 mai 1761, il n'a point plu ; la sécheresse étoit extrême » à Dreux et la sécheresse perdure l'année suivante.
En 1989 ce 20 mai, c'est l'été avant l'heure, 27°6 à Beauvais, 28°6 à Brest et en 1990 un orage déverse 112 mm de pluie en 5 heures à Quimper.

Personnage célèbre de nos terroirs

HECTOR MALOT
L'auteur de *Sans famille* publié en 1878 et couronné par l'Académie Française naît à Bouillé en Seine Maritime le 20 mai 1830. Il écrira près de 70 ouvrages, *Les Amants, Les Enfants, Les Epoux, L'Auberge du monde, Les Batailles du mariage*…Il meurt le 17 juillet 1907 à Fontenay sous Bois

Personnage célèbre de nos terroirs

Né à Tours le 20 mai 1799, Honoré de Balzac sera le peintre infatigable de la société de son temps. En moins de 20 ans naîtra une fresque gigantesque « *La Comédie Humaine* » qui mettra en scène plus de 2000 personnages dans près d'une centaine de romans dont *Eugénie Grandet, Le Curé de Tours, Les Chouans, Le Père Goriot*… Ce galérien des mots meurt, épuisé, le 18 août 1850.

Etretat

21

Saint Constantin, Sainte Estelle
Vin de Mai est comme piquette de chai.

La bonne lune au poulailler

« En lune de Mai point de poules à couver ».
La fermière qui ne respectait pas ce dicton risquait des déboires dans sa ferme.

Tradition

L'andouille de Vire
« L'origine de l'andouille de Vire est très ancienne. C'est au 17ème siècle que sa réputation commença à déborder les frontières de la Normandie. Sa fabrication est entièrement manuelle, composée avec les boyaux de porc. Ceux-ci étaient à l'origine, lavés à la grande eau claire de la rivière puis retournés et encore nettoyés. Coupés en lanières, ils sont salés au sel de Guérande puis mis à mariner pendant plusieurs jours. Ils sont enfin assemblés et enveloppés dans un boyau noir attaché par une ficelle. L'andouille est fumée lentement au feu de bois de pommier au moins pendant un mois avant d'être mise à sécher et cuite enfin trois heures dans un bouillon parfumé puis dessalée à l'eau froide. »
Elle se consomme le plus souvent froide avec du beurre.

22

Saint Emile, Saint Loup, Sainte Quiquerie
Beau jour du temps de Sainte Emilie,
Donne du fruit à la folie.

Le langage des fleurs

L'aubépine

« Doux espoir »
C'est au mois de mai que l'aubépine se pare de ses fleurs les plus éclatantes ; elle annonce l'été, après avoir embaumé l'haleine du printemps. C'est la fleur aimée de tous… Le rossignol la connaît aussi, et c'est dans ses branches touffues et discrètes, qu'il va cacher le fruit de ses amours. Les Romains accordaient à l'aubépine le pouvoir de combattre les maléfices et en formaient d'élégantes guirlandes auprès du berceau des nouveau-nés.

23

Saint Didier
Sème tes haricots à la Saint Didier,
Pour un, tu en auras des milliers.

Remède de grand-mère

Le beurre fait pendant la messe de l'Ascension, dès que la messe commence, guérit les blessures et les maux. Pour qu'il soit efficace, il faut qu'on ne l'ait ni lavé, ni salé et qu'on l'ait placé dans un pot à couvercle.

Truc et astuce

Pour nettoyer les vitres très sales, le vinaigre blanc et l'ammoniaque (une cuillerée à soupe par litre d'eau) sont efficaces. On peut nettoyer aussi avec du papier journal serré en boule puis essuyer avec un chiffon doux qui ne peluche pas.

Quel temps pour demain ?

Si les lapins de garenne sortent de leur terrier le matin, c'est de la pluie dans l'après-midi.

24

Saint Donatien
Tant que Mai n'est pas au 28
L'hiver n'est pas tout à fait cuit.

Tradition

Le Pommier en Normandie

La légende raconte que la belle Thétis, jalouse de ce que, à ses propres yeux, Vénus eût emporté la pomme, qui était le prix de sa beauté, sans qu'on l'eût admise à la concurrence, résolut de s'en venger. Un jour donc que Vénus, descendue de cette partie du rivage des Gaules y cherchait des perles pour sa parure et des coquillages pour son fils, un triton lui déroba sa pomme qu'elle avait mise sur un rocher, et la porta à la déesse des mers ; aussitôt Thétis en sema les pépins dans les campagnes voisines, pour perpétuer le souvenir de sa vengeance et de son triomphe. Voilà dirent les Gaulois, la raison du grand nombre de pommiers qui poussent dans notre pays et de la beauté singulière de nos filles.

Collection Michele Gilles

25

Saint Urbain
Tant que Saint Urbain n'est pas passé,
Le vigneron n'est pas rassuré.

Au jardin

« A la Pentecôte fraise rougeotte,
A la Trinité remplis ton panier,
A la Fête-Dieu, manges-en tant que tu veux ».
Lorsqu'on arrache du plant de fraisier dans les bois, on est souvent séduit par la vigueur de certains pieds, qui semblent promettre des fruits abondants. On les cultive avec soin et on n'en récolte rien. C'est un fraisier stérile connu sous le nom de « fraisier coucou ».
Duhamel du Monceau 1768.

26

Saint Béranger
Après Pâques et Rogations,
Fi des prêtres et des oignons.

Personnage célèbre de nos terroirs

Fils d'une humble famille de Seine Maritime, Gilbert Soury naît à Celloville en 1732. Après sa rencontre au séminaire avec l'abbé Delarue, il devient rapidement un expert passionné de plantes, tisanes et onguents. Ses recherches aboutiront à la création de son élixir jeunesse. « La Jouvence de l'abbbé Soury » va connaître un immense succès, d'abord sous l'impulsion de son arrière-petit-neveu, l'abbé Magloire Dumontier puis de plusieurs laboratoires. Aujourd'hui la petite fiole à l'effigie du célèbre abbé de Cellouville continue à faire un tabac.

27

Saint Augustin
Haricots de Rogations,
Rendent à foison.

Quel temps pour demain ?

Les paysans, autrefois, tenaient compte du ciel des rogations, c'est-à-dire au cours des trois jours précédant le jeudi de l'Ascension. Le temps du lundi sera celui de la fenaison, le temps du mardi celui de la moisson, le temps du mercredi celui des vendanges.

Charade normande

Mon premier déplaît
Mon second est sous le sol
Mon troisième nuit
Mon quatrième dit de quoi est fatigué celui qui veut mourir
Mon cinquième est pile
Mon tout s'élève en Normandie

28

Saint Germain
Belles Rogations
Belles moissons.

Truc et astuce

Vieux livres
Un livre d'occasion trouvé sur une brocante dégage des odeurs de moisi. L'astuce consiste à saupoudrer une page sur dix avec de la poudre de thym. Puis enfermer le livre dans un sachet étanche pendant quelques jours. Ne pas oublier d'éliminer la poudre quand les odeurs auront disparu.

29

Saint Aymard, Saint Maximin
Fèves semées en Rogations,
A coup sûr rouilleront

Personnage célèbre de nos terroirs

Rodolphe Salis est né à Chatellerault le 29 mai 1851. Son nom est étroitement lié à la chanson de la belle époque. Créateur, animateur, fondateur en février 1881, propriétaire et âme du « Chat Noir » de la Butte Montmartre, son cabaret verra défiler toute la bourgeoisie parisienne et sera le repère de tous les chanteurs, chansonniers, artistes et joyeux fêtards de l'époque devenus célèbres : Yvette Guilbert, Charles Cros, Alphonse Allais, Gaston Couté, Toulouse Lautrec et de nombreux autres issus des clubs des Hydropathes, des Zutistes, des Décadents ou des Harengs Saurs…

Honfleur

30

Saint Ferdinand, Saint Hubert de Brétigny
La Pentecôte donne les fruits,
Ou les ôte.

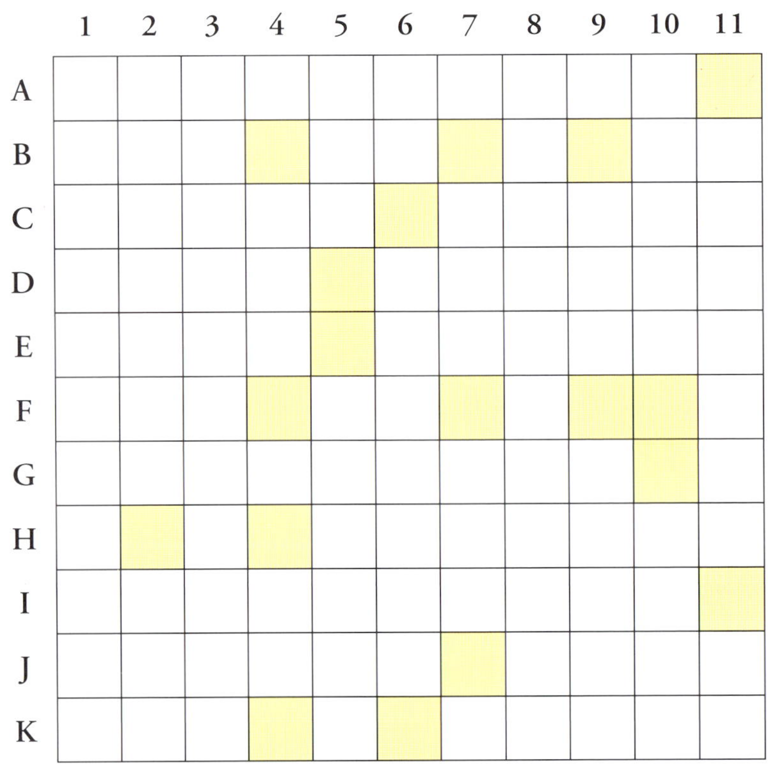

Horizontalement :

A-héroïne finalement normande (plusieurs mots). **B**-miettes d'écume ; note ; pareil. **C**-juste au nord de la Normandie ; use comme la mer le fait de la falaise normande. **D**-couples ; assassins. **E**-volcan ; riches pour un almanach. **F**-bâtisseur de pyramide ; demi-nourrisson. **G**-religieux. H-apercevrait. **I**-écrivain emblématique de la Normandie. **J**-araignée ; élément d'une liste. **K**-marque l'emplacement ; pratique.

Verticalement :

1-boisson notamment normande (plusieurs mots). **2**-prêter l'oreille ; pomme, pourquoi pas normande. **3**-désagréablement parfumés. **4**-mutuelle des paysans ; rapport. **5**-pas rare au ciel normand ; héroïne normande. **6**-lie ; héroïne normande. **7**-attrapée ; iris incomplet. **8**-ferait boire ses vaches, pourquoi pas normandes. **9**-vieille capitale ; riche. **10**-boisson normande ; au minitel. **11**-pourquoi pas une omelette aux pommes flambée au calvados ? ; à moi.

31

Sainte Pétronille
Eau de Sainte Pétronille,
Change le raisin en grappilles.

Le travail éloigne de nous trois mots, l'ennui, le vice, le besoin.

Voltaire

Deauville

Juin

Gémeaux
21 mai au 20 juin

Le proverbe du mois
« Quand les hirondelles volent bas, les pavés se prennent pour des nuages ».

La grande coutume de l'année, égale à la fête de Noël, est celle de la Saint Jean. C'est le moment où les fermages se règlent, où l'on change de ferme, de locature et de domestiques. Les feux de la Saint Jean éclairent tous ces départs et arrivées.

1

Saint Justin, Saint Révérien
Beau temps en Juin,
Abondance de grains.

La plante du mois

La mercuriale annuelle
Ce purgatif était employé surtout par les femmes au moment du retour d'âge et par les nourrices pour faire passer le lait.
Pour un effet maximum il faut utiliser des feuilles fraîches cueillies avant la floraison. Elle se prend en infusion à raison de 20 g pour 0,5 l d'eau bouillante. Pour conserver la plante, le mieux est d'en faire une teinture en faisant macérer les feuilles fraîches pendant 15 jours dans quatre fois leur poids en alcool à 80°. Prendre une cuillerée à café par jour.

2

Sainte Blandine, Saint Marcellin
Saint Marcellin est bon pour l'eau et le vin.

Au jardin

Il faut craindre les brouillards matinaux qui persistent pendant plusieurs jours. Ils annoncent le développement des maladies et des parasites. Oïdium, mildiou s'abattent sur la vigne et les pommes de terre, les pucerons sur les haricots etc… Un remède efficace est de pulvériser à la bouillie bordelaise.

Quel temps pour demain ?

Quand les poules se terrent, quand les taupes creusent, quand les chouettes chantent au soir et quand chante aussi le pic-vert, c'est signe d'eau ou de changement de temps.

3

Saint Kevin
En Juin le temps qu'il fait le trois,
Sera le temps de tout le mois.

Les grandes crues de la Loire

De toutes les grandes crues qu'a connues la Loire, fleuve majestueux mais imprévisible, celle de juin 1856 fut la plus dévastatrice. L'épisode le plus spectaculaire de ce désastre est sans doute la submersion et la quasi destruction du village de la Chapelle-sur-Loire au cours du mercredi 4 juin.

«En huit heures de temps, de quatre heures à midi, le mercredi 4 juin, ce bourg disparaissait entièrement; il n'en restait debout que l'église et quelques maisons, à chaque extrémité : les murs du cimetière écroulés, les tombes brisées, et laissant les corps et leurs débris à la cime des arbres ; cinquante deux maisons complètement détruites, sans qu'il n'en restât aucune trace...un sol fouillé, labouré, effondré à de si grandes profondeurs que la terre végétale a disparu et se trouve remplacée par une épaisseur de un mètre de sable fin et de gravier.

Les eaux montaient de 17 cm par heure.

Il fut impossible d'empêcher de se former deux ou trois brèches, ainsi qu'un gouffre immense, d'une profondeur de 14 mètres, qui a entraîné la ruine complète de cette commune importante qui comptait 3200 habitants...

La destruction de la Chapelle continuait avec un fracas et une furie incroyables...

...de six heures à huit heures du matin, le torrent poursuivit sa marche, les flots se précipitèrent en cascades d'une hauteur de 4 ou 5 mètres et, rencontrant le château de M. Bizoulier, jaillirent à plus de 7 mètres d'élévation,... pour poursuivre leur course furieuse et dévastatrice... presque tous les rails de chemin de fer furent arrachés et dispersés au loin dans les terres, ainsi que plusieurs wagons.

... Ce torrent a traversé une étendue de quatre-vingts kilomètres de long sur douze de large et est rentré en Loire aux Ponts-de-Cé, après avoir porté les ravages en Indre-et-Loire et Maine-et-Loire.

Les générations à venir refuseront de croire de si terribles faits.

4

Sainte Clotilde
Eau de Juin,
Ruine le moulin.

buste d'Alfred de Vigny

Charade tourangelle

Mon premier court parfois 2 lièvres à la fois
Mon second bat
Mon troisième a un grain
Mon quatrième se dit d'une étendue de marais
Mon tout est un château de Touraine bien connu

5

Saint Igor
Juin froid et pluvieux,
Tout l'an sera grincheux.

La bonne lune au jardin

Un dicton dit que « si la lune pend, la terre se fend » ce qui signifie que le croissant dirigé vers le bas annonce une période de sécheresse. D'autres prétendent que ce croissant vers le bas sert d'égouttoir et qu'il annonce la pluie.
Dirigé vers le haut, il retient l'eau et prévoit la sécheresse. Pas facile de s'y retrouver.

6

Saint Norbert, Saint Claude
Bon soleil de Juin,
N'a jamais ruiné personne.

Au verger

Contre les guêpes, suspendre aux branches des fruitiers de petites bouteilles remplies au ¾ d'un sirop de miel, de sucre ou de jus de fruits très mûrs.

Le langage des fleurs

Le bleuet
« Délicatesse, clarté, lumière »
Cette délicate plante pousse dans les prés et les champs de blés. L'eau de cette plante possède, dit-on, des propriétés pour soigner les yeux, ce qui lui a valu le nom de « casse-lunette ». Elle porte aussi le nom de barbeau et d'aubifoin. Autrefois un jeune homme qui plaçait un bleuet à sa boutonnière cherchait l'âme sœur et une jeune qui mettait une fleur sous son tablier serait fiancée selon son cœur.

7

Saint Gilbert
Juin bien fleuri, vrai paradis.

Au jardin

Contre le ver blanc, mettre au moment du labour 80 g de sulfate de fer, des déchets de laine, des feuilles de chou et de navet.

Quel temps pour demain ?

Des fourmis qui ont des ailes annoncent l'orage. Si elles envahissent les seuils des maisons, elles recherchent la fraîcheur et annoncent la sécheresse.

8

Saint Médard
S'il pleut le jour de Saint Médard,
Si t'as pas de vin, t'auras du lard.

Au rucher

Début Juin on procède à la seconde récolte, celle du miel d'acacia, parfumé et très liquide. Les récoltes vont ainsi se succéder de juin à septembre. L'apiculteur va déplacer ses ruches car pour une bonne récolte, il faut au moins une surface d'un hectare de l'essence désirée.

Légende

Le pic-vert chante pour annoncer la pluie. La légende dit que le jour où Dieu créa le pic-vert, il lui ordonna de creuser un trou dans « l'arbre de vie » pour y recueillir l'eau du ciel. Le pic-vert l'ignora et s'envola. Dieu, mécontent, le maudit et le condamna à annoncer la pluie et, pire, à avoir soif sans pouvoir se rafraîchir.

9

Sainte Diane
Mai froid et Juin chaud,
Remplissent le grenier jusqu'en haut.

Au verger

On peut se débarrasser des mousses, lichens et algues qui envahissent les troncs des arbres en les pulvérisant d'une solution à 2% de formol ou en les badigeonnant d'un lait de chaux préparé avec trois mesures d'argile, deux mesures de chaux éteinte et un peu de cendres tamisées. Ajouter suffisamment d'eau pour pouvoir l'appliquer avec une grosse brosse ou un balai.

Dans la vigne

« Une fleur à la Saint Jean est une bonne fleur » dit le dicton et l'on sait que 100 jours plus tard la récolte sera bonne à ramasser.
La vigne a poussé. On arrive au moment crucial de la fleur.
La floraison peut durer de 8 jours à un mois selon les conditions climatiques. Pour une bonne floraison, le temps idéal demande chaleur et vent.

10

Saint Landry
Eté bien doux
Hiver en courroux.

La bonne lune aux champs

Le foin coupé avec la lune vieille se conserve mieux que coupé en lune nouvelle.
Sous nos climats océaniques, on coupe le sainfoin du 5 au 10 juin. Le trèfle et la luzerne ont été pâturés en mai.
Le fauchage des légumineuses se fait toujours en floraison, c'est à ce moment que les plantes dégagent les meilleurs parfums et renferment le plus d'éléments nutritifs. S'il fait beau, on laisse le fourrage en « andains » pendant 1 ou 2 jours avant de faire comme autrefois des gros tas ou « veilloches ».

11

Saint Barnabé
Blé fleuri à la Saint Barnabé,
Donne abondance et qualité.

Un blé en fleurs le 11 juin sera moissonné 40 jours plus tard soit vers le 25 juillet.

Le langage des fleurs

Le laurier

« Triomphe, gloire »
Virgile fait remonter jusqu'au siècle d'Enée, la coutume de ceindre de laurier le front des vainqueurs. Les généraux le portaient dans les triomphes, non seulement autour de la tête, mais dans les mains, et on le plantait aux portes et autour des palais des empereurs. Au Moyen-âge, le laurier a servi, dans les universités, à couronner les poètes, les artistes et les savants. Le laurier-blanc signifie candeur, le laurier-cerise orgueil, le laurier-rose douceur et beauté.

12

Saint Guy
Beau mois de Juin,
Herbe maigre donne bon foin.

Recette de terroir

Compote de pruneaux de Tours
Laver et faire tremper toute une nuit dans une infusion de thé, 250 g de pruneaux.
Les faire cuire doucement 2 à 3 heures dans 1/4 de litre d'eau avec 125 g de sucre, un zeste de citron, un peu de cannelle, et un œuf de beurre. Lorsque les pruneaux fléchissent ajouter 1 verre de Bourgueil ou de Chinon et faire chauffer jusqu'à ce qu'ils se couvrent d'écume blanche. Retirer du feu et laisser refroidir. Mettre dans un compotier et couvrir de sirop.

Tradition

Le pruneau de Tours
Les prunes ordinaires furent introduites bien avant la Reine Claude par les croisés ce qui leur valut le nom de prunes de Damas.
En Touraine la sainte Catherine de Fierbois portait le nom de «petite Damas».
Dans les fermes, on les faisait sécher pour l'hiver sur des claies rondes, (les rondeaux). Le vrai pruneau de Tours a peu de chair d'une douceur acidulée, il n'est ni ciré, ni graisseux mais il est ratatiné, gercé et ridé comme une vieille peau.

13

Saint Antoine de Padoue
Saint Antoine ouvre le derrière des poules.

Au poulailler

Saint Antoine donne l'œuf aux poules
Après une pause de plusieurs mois les poules se remettent à pondre avec les jours qui rallongent.
En cas d'averse, si les poules continuent à picorer au lieu de rentrer au poulailler, la pluie ne dure pas.

Saint guérisseur

Saint Antoine de Padoue guérit le zona, les dartres dites feu sacré de Saint Antoine et les brûlures

14

Saint Elisée, Saint Basile
S'il pleut en Juin,
Mange ton poing.

Un vieux métier

Les caillouteurs

Si vous frappez du silex contre du fer vous obtenez de belles étincelles. C'est sur ce constat que naquit le fusil à silex et qu'une véritable industrie s'installa au début du 18ème siècle dans la vallée du Cher où se trouvent les plus beaux silex.
Quatre villages se spécialisèrent dans la taille des pierres à fusil : Couffi, Meusnes, Chatillon-sur-Cher et Lye. C'était un travail harassant. Il fallait creuser et aller chercher les silex jusqu'à 15 m de profondeur. De retour à la maison on fendait les blocs en lames et les lames en petits rectangles qui iraient s'encastrer dans le chien du fusil ou du pistolet.
Les modèles s'appelaient « belle à deux mèches », « grand cul long », « grande fine », « petite belle ». Ils étaient présentés à des acheteurs sur des présentoirs en carton comme des boutons. En 1820 un ménage produisait 600 000 pierres par an. 800 personnes fabriquaient entre 100 et 200 millions d'articles.
Meusnes fournissait 25 millions de pierres aux armées napoléoniennes par an et la production était telle que le visiteur pouvait voir des amoncellements de débris devant les maisons qui pouvaient atteindre 4 m de hauteur et 50 à 60 m de longueur.
Le caillouteur était pauvre, il mourait jeune soit aveuglé par les éclats soit les poumons silicosés – la caillote.
La production dura jusqu'en 1928 et la pierre du Berry ne fut jamais égalée, ni en France, ni ailleurs.

15

Sainte Germaine, Saint Modeste
Si le canard bat de l'aile dans le ruisseau,
Tu peux t'attendre à avoir bientôt de l'eau.

Tradition

Il paraît que le hérisson se roule sur les pommes pour pouvoir les emporter dans sa cachette, attachées à ses piquants. En Bretagne, on l'appelle voleur de pommes. En Normandie, on le dit friand de lait ; il trait la vache pendant la nuit. En Maine-et-Loire, quand une vache passe sur un hérisson mort, elle sera instantanément privée de lait.

Le temps qu'il a fait

Le 15 juin 1914 un violent orage éclate à Paris, provoquant la mort de 11 personnes. Certaines chaussées s'effondrent.

16

Saint Jean François Régis, Saint Cyr, Saint Aurélien
S'il pleut le jour de la Saint Cyr,
Le vin diminue jusqu'à la tire.

Recette de terroir

Le pain dans la poêle

Autrefois dans le sud de la Touraine, nord Berry, pays d'huile de noix, avant d'extraire l'huile, celles-ci étaient écrasées mécaniquement par une meule actionnée par un cheval.

Après écrasement, on met les noix à chauffer dans une immense chaudière pour en extraire l'huile. Les noix encore dans la chaudière, l'huilier y trempe des tranches minces de pain qu'il tourne et retourne pour qu'elles soient bien imprégnées de « crème de noix ». Le goût en était, paraît-il, très fin.

TOURS. — L'Avenue de Grammont

17

Saint Hervé, Sacré cœur de Jésus
Si le jour de Saint Fargeau
La lune est dans l'eau, le reste du mois est beau.

Quel temps pour demain ?

Quand le chat se débarbouille, avec sa patte de velours, s'il va par dessus l'oreille, il pleuvra avant trois jours.

Truc et astuce

Les mouches seront moins embêtantes si l'on suspend une orange ou un citron piqué de clous de girofle.

Au jardin

Au moment des semis, le marc de café mêlé aux graines de carottes active leur germination et les protège des insectes.
Betteraves et bettes lèvent plus vite si, au moment du semis, elles ont trempé une nuit dans de l'eau tiède légèrement vinaigrée.

Charade tourangelle

Mon premier se donne avant l'accord
Mon second se donne avant l'achat
Mon troisième indique un refus collectif
Mon tout a vu naître un auteur prolifique

18

Sainte Léonce
Mai couve l'herbe,
Juin l'arrose.

Recette de terroir

Connu en Touraine et nord Poitou, la « casse-museau » était une brioche à pâte légère dans laquelle on mettait du fromage frais.
Le jour de carnaval, on se jetait ce gâteau au visage, la pâte éclatait et le fromage se collait au museau, d'où le nom de « casse-museau ».
A Paris lors de la journée des fous, on se jetait le casse museau au visage.
Pour les Angevins, le casse museau est un petit gâteau au fromage blanc et aux amandes qui devient très dur après une double cuisson.

Vouvray

19

Saint Gervais, Saint Protais, Saint Romuald
Quand il pleut à Saint Gervais,
Il pleut quarante jours plus tard.

Au jardin

On peut semer des haricots à la Saint Gervais, c'est un bon jour.

20

Saint Silvère
Pluie d'orage à Saint Silvère,
C'est beaucoup de vin dans les verres.

Au verger

Le Florentin Francesco Florio, établi à Tours, avait, dans une description latine en 1477, fait l'éloge de certaines poires dites poires de Bon Chrétien qui « mangées crues ou cuites, peuvent donner une idée de la bonté des fruits du paradis terrestre. Cette espèce, plus grosse et de meilleure conservation que les autres poires, est particulière au sol de la Touraine, si bien, que plantée ailleurs, elle ne donne aucun fruit ou y dégénère entièrement ». Ces poires merveilleuses s'offraient en présent aux grands personnages. Les hauts prix qu'elles atteignaient provoquèrent, dans les varennes, un si rapide développement des plantations de poiriers que les environs de Tours, dans les dernières années de Louis XI, présentaient aux yeux de Francesco Florio l'aspect d'un vaste verger.

Truc et astuce

Pour éliminer les fourmis dans la maison, mettre sur leur chemin des rondelles de citron moisies ou une soucoupe avec de l'eau de Javel.

Blois

21

Saint Rodolphe, Saint Lenfroi
S'il pleut à Saint Lenfroi,
Le foin dans le pré n'est pas à toi.

Le langage des fleurs

L'Iris

« Message »

Aujourd'hui roi des jardins, il doit sa gloire à Clovis. Celui-ci, encerclé à la veille de la bataille de Vouillé en 507, suivait la Vienne à la recherche d'un passage lorsqu'une biche affolée emmena Clovis et ses hommes à un gué où poussaient de nombreux iris. L'armée ayant alors pu traverser, Clovis cueillit les fleurs jaunes et fit de l'iris son emblème royal. Le drapeau s'orna alors de trois fleurs d'iris jaune « les lys d'or ». Les descendants du roi Franc poursuivirent cet usage et c'est sous Louis VII que l'iris devenu « Fleur du Louis » puis « Fleur de Luce » devint la fleur de lys des Rois de France.

22

Saint Alban
Prépare autant de tonneaux,
Qu'en Juin il y aura de jours beaux.

Recette de terroir

François Rabelais a immortalisé « La Fouée » dans Gargantua. Le village de Lerné, en Touraine, est la patrie des fouaciers. La fouée en Anjou ou fouace en Touraine est une galette de pâte à pain enfournée dans un four à bois très chaud. Pendant la cuisson, la galette se transforme en un pain creux qui doit être défourné rapidement pour lui conserver tout son moelleux. Elles peuvent être, ensuite, fourrées au beurre, aux rillettes, aux fromages, aux pois ou « mogettes », aux confitures etc.
Fouée, fouace ou fougasse ont la même étymologie que foyer. On suppose donc qu'à l'origine, ces galettes étaient cuites dans le foyer sous la cendre.

23

Saint Félix, Sainte Audrey
Avant Saint Jean ne vante pas ta récolte.

Tradition

La veille de la Saint Jean on doit étendre sous les animaux des bottes de fougère que l'on allume ensuite pour les préserver de toutes les maladies.

Recette de terroir

Petits pois tourangeaux
2 kg de petits pois, 500 g de carottes nouvelles, 1 noix de beurre, des petits oignons, 3 ou 4 cœurs de laitues, sel, poivre, 1 pincée de sucre, 1 bouquet de persil.
Dans une casserole, faire revenir avec un bon morceau de beurre, quelques petits oignons, les carottes nouvelles et 3 ou 4 cœurs de laitues.
Ajouter les petits pois et 1 verre d'eau, saler et poivrer, Couvrir et laisser cuire à feu doux pendant 1heure 30 mn, Avant de servir, ajouter une pincée de sucre en poudre et une louche de crème fraîche.

Charade tourangelle

Mon premier entoure un col
Mon second porte chance ou malchance
Mon troisième passe par la bouche
Mon quatrième monte et baisse
Mon tout est un trajet, d'un château à un autre…

24

Saint Jean Baptiste
La pluie de Saint Jean,
Emporte la noix et le gland.

Tradition

Le jour de la Saint Jean, les domestiques en charge de la basse-cour devaient surveiller attentivement leurs volailles car si une poule couvait, malheur dans la maison, et les maîtres ne verraient point la fin de l'année.
Ils devaient aussi se lever avant minuit pour enlever du nid les poules qui chantaient « jau ». Chanter « jau » se dit d'une poule qui imite le chant du coq et c'est un signe de malheur.

Quel temps pour demain ?

« Saint Jean doit une averse, s'il ne la paie pas, Saint Pierre la verse » Saint Pierre est un saint classé comme saint de pluie. Entre le 24 juin, la Saint Jean, et le 29 juin, la Saint Pierre, il y a un petit retour du froid que les paysans appellent « le petit hiver ». L'eau à cette période peut être la bienvenue mais si elle tombe le jour de la Saint Pierre, elle peut durer quarante jours.

Dans la vigne

« A la Saint Jean verjus pendant, argent comptant. »
Le 24 juin le grain commence à se former et le vigneron peut juger de la quantité de sa récolte.

25

Saint Prosper
A la Saint Jean,
Le rossignol perd son chant.

Personnage célèbre de nos terroirs

George Courteline, de son vrai nom Georges Victor Marcel Moinaux, naît à Tours le 25 juin 1858. Paresseux, il échoue au baccalauréat et devient un fêtard invétéré. Après des débuts difficiles, devenu romancier, novelliste, homme de théâtre drôle, moraliste, incisif, sa production littéraire sera impressionnante.

26

Saint Anthelme
Quand le coucou sur la Saint Jean avance,
C'est signe de grande abondance.

Remède de grand-mère

On ramasse le tilleul en Juin, à la Saint Jean, quand il est en bouton. Il en existe deux espèces à petites feuilles et à grandes feuilles. Pour les tisanes on utilise celui à petites feuilles.
Il faut le laisser sécher à l'ombre sur une toile une partie de l'été. Bien sec on le mettra dans un bocal en verre ou une boîte en fer. Le tilleul a des vertus calmantes, il fait dormir et baisser la fièvre.

Bréhémont

27

Saint Fernand
Qui pêche en Juin,
Ne pêche que fretin.

28

Saint Irénée
En Juin et Août,
Ni huître ni choux.

Au jardin

Contre les ronces, un truc infaillible, paraît-il, consiste à les couper chaque année à la même époque, fin juin. Normalement, elles disparaissent d'elles-mêmes totalement en deux, trois ou quatre ans.

Tradition

La vannerie de Villaines-les-Rochers

Je me souviens d'un village riverain de l'Indre, aux maisons creusées dans le tuffeau et communiquant avec la route par de longs escaliers de pierre blanche. C'était au mois d'avril, toute la population grouillait au dehors, installée sur les marches de ces escaliers. Hommes enfants, jeunes ou vieilles femmes, ayant à leurs pieds des bottes d'osier, s'occupaient à écorcer les tiges destinées à la vannerie, en faisant passer chaque brin entre des pinces de bois…

Truc et astuce

Pour conserver plus longtemps le pain frais, le ranger dans une boîte à pain avec quelques pommes de terre crues et pelées.

Loches

29

Saint Pierre, Saint Paul
S'il pleut veille de Saint Pierre,
Le vin sera réduit du tiers.

30

Saint Martial
Quand Saint Pierre ne lave le chemin
Saint Martial, le fait comme il faut.

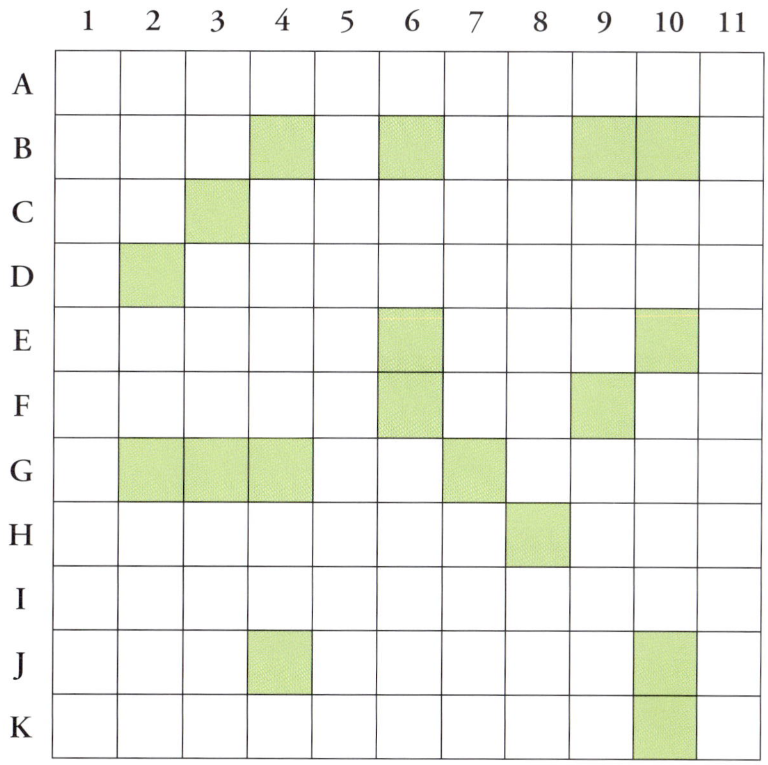

Horizontalement :

A-fromage de Touraine. **B**-condiment ; cœur de dame. **C**-infinitif ; famille invitée en Touraine. **D**-pour une certaine commission. **E**-tout terrain ; dans un itinéraire. **F**-a enrichi, venu de loin, les jardins de Touraine ; abréviation religieuse ; lie. **G**-auto ; trouble. **H**-être familier ; se voit sur la Loire. **I**-pas logique. **J**-n'a aucune chance, dans un sens, d'entrer dedans dans l'autre sens ; comme la branche de pomme tourangelle. **K**-obligation.

Verticalement :

1-se dresse à Tours. **2**-inspiré ; affluent ; utile à certains choix. **3**-pronom ; contresens du II ; pétoche. **4**-au Bouthan ; dans le boa. **5**-habitats typiquement tourangeaux. **6**-attribution inversée ; cœurs. **7**-partagea en Touraine ; comme certain poulet de galline de Touraine. **8**-accueillit Léonard en Touraine ; tout compris. **9**-plat de réveillon ; dévorée. **10**-nouvelle République ; souffla. **11**-fondamentale, comme l'échalotte grise dans le beurre blanc.

Juillet

Cancer
21 Juin au 21 juillet

Le proverbe du mois
« Quand on veut péter plus haut que son cul, on se fait un trou à l'échine. »

1

Saint Thierry
Début Juillet pluvieux,
Les jours qui suivent seront douteux.

2

Saint Martinien
S'il pleut à la visitation
Pluie à discrétion.

La plante du mois

La mélisse
Elle est réputée contre les vertiges, les syncopes, les bourdonnements d'oreilles, les migraines, la fatigue intellectuelle.
Pour faciliter la digestion il faut prendre, avant le repas, une infusion de fleurs fraîches cueillies au moment de la floraison (10 g pour 0,5 l d'eau).
On peut faire une teinture en faisant macérer pendant 15 jours les fleurs dans
quatre à cinq fois leur poids en eau-de-vie. Prendre une cuillerée à café dans une tasse de tilleul ou verveine.

Personnage célèbre de nos terroirs

George Sand
Lucile, Aurore, Amandine Dupin est née le 1er juillet 1804 à Paris. Son éducation fera l'objet d'un marchandage entre sa mère et sa grand'mère qui obtiendra, moyennant finance, la garde de la jeune fille. A Nohant elle épouse le baron Dudevant dont elle se séparera en 1831. Elle aura une relation tumultueuse avec Jules Sandeau avec qui elle écrit son premier roman *Rose et Blanche*. Parallèlement à ses aventures sentimentales, Musset, Pagello, Michel de Bourges, Chopin, elle développe une importante production littéraire, 35000 lettres et un nouveau sujet d'inspiration : la paysannerie. Elle écrira *La Mare au diable*, *La petite Fadette*.... C'est à Nohant qu'elle reçoit ses nombreux amis : Dumas, Flaubert, Balzac, Théophile Gauthier etc…
« La bonne Dame de Nohant » s'éteint le 8 juin 1876 à Nohant.

La bonne lune

La lune est toute bonne ou toute mauvaise. A la campagne, un changement de lune est attendu avec, parfois, une pointe d'anxiété. Il peut provoquer en quelques jours une brusque modification des conditions météo et un renversement total des tendances. En général, il n'y a pas de demi-mesure et l'on passe du soleil à la pluie ou inversement.

3

Saint Thomas, Saint Anatole
A Saint Anatole,
Confiture dans la casserole.

Un vieux métier

Le charron
C'est le métier que l'on trouvait dans le moindre petit village avec un statut officiellement reconnu en 1658 par Louis XIV. L'âge d'or de ce métier s'est étalé sur plusieurs siècles en suivant l'évolution du monde rural jusqu'au milieu du 20 ème siècle où carrioles, tombereaux et calèches sillonnaient encore les routes et chemins de nos campagnes.
Le matériau du charron est le bois : frêne, sapin, hêtre, chêne. La phase la plus délicate était la fabrication des roues cerclées de fer. Le moyeu était issu de l'orme tortillard, plein de nœuds, que l'on trouve dans les haies. Jantes et rayons étaient en acacia et en chêne. La mise en place du cercle en fer par un système de chauffe devait être réalisée avec rapidité pour ne pas brûler le bois et précision pour la solidité.
L'industrialisation des campagnes a signé l'arrêt de mort de ce beau métier que mon grand'père Louis a exercé toute sa vie.

4

Saint Florent, Sainte Berthe
Qui veut de bons navets, les sème en Juillet.

Recette de terroir

Oignons farcis
Pour 4 personnes : 8 beaux oignons blancs, 250 g de chair à saucisse, 1 œuf, 50 g de mie de pain, 3 tomates, 40 g de beurre, du persil, de la ciboulette, du sel, du poivre, un peu d'ail.
Peler les oignons et les plonger 10 min dans de l'eau bouillante. Bien les égoutter puis creuser chacun d'eux et les farcir avec la chair à saucisse mélangée avec l'œuf, la mie de pain, la ciboulette hachée, le sel, le poivre. Mettre dans un plat allant au four et poser sur chaque oignon une noix de beurre. Entourer les oignons avec des tomates pelées ainsi que les parures d'oignons hachés. Faire cuire à four doux 50 à 60 minutes. Servir dans le plat de cuisson. Saler et poivrer selon le goût. On peut ajouter un peu d'ail sur les tomates.

5

Saint Antoine Marie
Juillet sans orage,
Famine au village.

6

Sainte Mariette, Saint Tranquille
Pour avoir de bons poireaux,
Les semer en Juillet.

La bonne lune au jardin

Quand la lune de juillet revient un lundi, elle sèche les choux jusqu'à la racine.

Le langage des fleurs

La marguerite
« Innocence, candeur »
On raconte que l'on présenta à Madame Marguerite de France, fille de François 1er, sur les routes de Savoie où elle allait rejoindre son mari Emmanuel Philibert, une corbeille de fleurs où il n'y avait que des marguerites avec ces quelques vers :

« Toutes les fleurs ont leur mérite,
Mais quand mille fleurs à la fois
Se présenteraient à mon choix,
Je choisirais la marguerite. »

Personnage célèbre de nos terroirs

C'est dans la commune de Rueil la Gadelière près de Brezolles, en Eure-et-Loire que fut inhumé, en 1958, le peintre mais aussi sculpteur, Maurice de Vlaminck né à Paris en 1876.

L'arbre ne réussit bien que là où il se plait. C'est une vérité élémentaire qu'on ne doit pas se lasser de répéter.

R. Dumont

7

Saint Raoul
En Juillet,
Faucille au poignet.

Au rucher

Début juillet on récolte le miel de tilleul ou châtaigner ou le « *miel toutes fleurs* » troêne, ronce, châtaigner, tilleul, thym, bruyère, sainfoin selon les lieux de production.
Le déplacement des ruches, d'un lieu de production à un autre, se fait la nuit ou au petit matin quand il fait encore sombre.
Les abeilles ne commenceront à travailler que si la température leur convient.
Il faut savoir que le nectar ne monte dans les fleurs qu'à une température de 18 °C.

8

Saint Thibault, Sainte Elisabeth, Sainte Virginie.
En Juillet sombre matinée,
N'empêche pas belle journée.

RECETTE DE TERROIR

SOUPE DU PÊCHEUR

1,5 kg à 2 kg de poissons d'eau douce : brochet, sandre, goujon, ablette, tanche, 1 oignon, 1 carotte coupée en rondelles, 1 bouquet garni (persil, thym, laurier, estragon, cerfeuil), 2 poireaux coupés en rondelles, 1 litre de vin blanc sec (Sauvignon, Sancerre, Anjou blanc, Muscadet),
2 jaunes d'œufs, 100 g de crème fraîche, sel, poivre du moulin, fines herbes hachées.

Après avoir écaillé, vidé et lavé les poissons, mettre les têtes et les queues dans une casserole avec le bouquet garni, les légumes, le vin,
Porter à ébullition et laisser mijoter pendant 20 mn en écumant,
Filtrer le jus, le verser dans une casserole et le porter à ébullition,
Couper les poissons en morceaux, les mettre dans le jus et les faire pocher 10 mn avant de les retirer,
Réduire de moitié le jus, puis mélanger les jaunes d'œufs et la crème,
Mettre le tout dans la casserole et laisser mijoter sans bouillir pour épaissir le jus,
Verser la sauce obtenue sur les poissons qui auront été maintenus au chaud, garnir de fines herbes, servir chaud.

9

Sainte Amandine,
Jamais en Juillet sécheresse,
N'a causé la moindre détresse.

Personnage célèbre de nos terroirs

Marcel Proust, né à Paris le 10 juillet 1871, venait passer ses vacances chez sa tante à Illiers, petite ville de Beauce en Eure-et-Loire qui deviendra le « Combray » de du Côté de chez Swann que le monde entier connaît. Après la mort de son père et de sa mère il se consacre à l'œuvre de sa vie « A la recherche du temps perdu ». En 1919 son livre A l'ombre des jeunes filles en fleurs recevra le Prix Goncourt.

10

Sainte Ulrich, Sainte Félicité
Beau Juillet, amour parfait.

Tradition

Ce que le paysan aime par-dessus tout, c'est la « belle ouvrage », un champ bien labouré, des sillons bien droits qui partent à perte de vue rejoindre l'horizon, des blés qui passent du beau vert printemps au blond doré et qui ondulent doucement au gré du vent. Bien sûr qu'il calcule mais l'argent passe après ce bonheur simple d'avoir bien fait travailler SA terre. La grande peur de cet homme simple, c'est l'orage, celui qui, en quelques minutes, va coucher et anéantir un dur labeur.
On raconte, dans cette région de Beauce, qu'un matin on retrouva un paysan pendu dans sa grange. La veille, une de ces tempêtes qui n'arrive qu'une fois par siècle avait couché à perte de vue ses beaux blés. Il n'en supporta pas cette vision et préféra disparaître en même temps que sa récolte.

Lorsque les dégradations de notre cadre de vie nous inquiètent, lorsque le trio bitume, béton, bagnole prend la couleur et l'odeur de l'égoût, nous devrions nous inspirer des plantes, de leur sobriété, de leur dignité :l'avenir de la planète serait moins sombre.

Francis Hallé Eloge de la plante

11

Saint Benoît, Saint Norbert, Saint Savin

Rosée de Saint Savin
Est, dit-on, rosée de vin.

RECETTES DE TERROIR

HARICOTS FRAIS AU BEURRE

1 litre de haricots frais, 1,5 litre d'eau, 10 g de sel, 1 bouquet de persil, 80 g de crème.

Mettre les haricots écossés dans une casserole avec le bouquet de persil, saler et verser l'eau,
Laisser bouillir pendant 45 mn, les haricots doivent pouvoir s'écraser, bien égoutter les haricots et les laisser sur le coin du feu pour leur faire perdre leur humidité,
Les verser dans un légumier et mettre la crème,
Saupoudrer de persil finement haché.

12

Saint Olivier

Juillet rôtit
Ce que Septembre mûrit.

LE SAVIEZ-VOUS ?

Situé entre deux services, «l'entremets» était une coupure entre le rôt et la désserte. Au moment du débarrassage, des artistes, jongleurs, danseurs venaient combler le temps et l'on servait des préparations sucrées ou salées.

13

Saint Henri, Saint Eugène
Quand reviendra la Saint Henri,
Tu planteras ton céleri.

histoire

Samedi 4 juin 1836, entre six heures et six heures et demie du soir, des travaux de plomberie mettent le feu à la cathédrale de Chartres. Rien de la toiture et de la belle charpente de châtaigner ne pourra être sauvé. La ville sera préservée grâce aux pompiers de Chartres et des communes environnantes placées sous les ordres du Préfet Gabriel Delessert

Le temps qu'il a fait

Le 12 Juillet 1788, le vent, violent sous un orage, déracine ou casse plus de 1000 pommiers à Montivilliers, près du Havre. Le 13 Juillet 1788, les tuiles et ardoises du château de Rambouillet sont pilées et 11749 carreaux sont mis en pièces. Des observations précises et dignes de foi rapportent que le diamètre des grêlons a atteint 3 pouces de diamètre (8 cm). A Sours, près de Chartres, un moulin est renversé tuant 2 hommes et faisant plusieurs estropiés. Les cultures sont hachées. Des lièvres, lapins, faisans et autres oiseaux sont tués un peu partout.

Charade beauceronne

Mon premier est ce qu'on se demande pour savoir si çamarche
Mon second se prend quand ça ne marche pas
Mon troisième se prend à 5 heures
Mon tout est un chansonnier beauceron

Château de Maintenon

14

Sainte Camille, Saint Bonaventure
Fête Nationale
Eau de Juillet, fait pleuvoir en Janvier.

La bonne lune au jardin

Arracher les oignons et les laisser sécher sur le sol quelques jours, puis les lier en bottes par 10 pour les mettre à sécher à l'abri dans un cellier ou un hangar. Mais il faut se garder de les arracher quand la lune croît, car ils pousseraient très rapidement après la récolte.

15

Saint Henri, Saint Donald
Juillet de tous les mois,
Le plus long, le plus courtois.

16

Notre Dame du Carmel
En Juillet si le foin pourrit,
Le vin mûrit.

Au verger

Les pucerons vivent en colonies nombreuses et sucent la sève des arbres sur les jeunes pousses et au revers des feuilles. Ils se reproduisent à une cadence accélérée et prodigieuse. La descendance d'une seule femelle peut atteindre plus de mille individus en une semaine. Leur dispersion se fait par le vent et le vol des pucerons ailés mais également les fourmis qui se livrent à une sorte d'élevage du puceron pour se nourrir de leurs excréments. L'hiver, elles en conservent dans leur fourmilière.

Chartres

17

Sainte Charlotte
Pluie du matin,
En Juillet est bonne au vin.

Tradition

La moisson en Beauce

« En Beauce la moisson est en général entreprise à la tâche ; l'homme qui amène avec lui sa ramasseuse chargée de relever l'andain et de le mettre en javelle, reçoit pour ce travail de 28 à 30 francs par hectare de blé ; chaque couple en entreprenant environ neuf hectares, et pouvant faucher, ramasser, lier un demi-hectare par jour, le salaire, pour la récolte du blé, s'élèvera de 252 à 270 francs pour un travail qui ne durera que trois semaines, si nul accident atmosphérique ne vient le traverser.
La ramasseuse percevant de 55 à 75 francs, il reste au faucheur près de 200 francs. Il aura de plus pour lui le produit de la fauchaison des avoines, pour lesquelles la ramasseuse n'est plus à sa charge et qui lui est payé de 13 à 16 francs l'hectare.
Il est incontestable que, pour l'homme dont le gain hebdomadaire s'élève bien rarement au-dessus de 18 francs, un pareil résultat doit représenter une inappréciable aubaine ; cependant, en ne perdant pas de vue qu'il aura été conquis en se levant à deux heures du matin pour ne rentrer qu'à huit ou neuf heures du soir, on est de cet avis que, ce bénéfice anormal, ces braves gens ne l'ont pas volé… »

G. de Cherville - 1887

18

Saint Clair, Saint Frédéric
Année de guêpe
sera sèche et fertile.

Quel temps pour demain ?

Signe d'orage imminent quand, en été, le temps devient subitement lourd, le ciel se couvre de gros cumulus, les hirondelles volent au ras du sol, les vaches et les veaux courent la queue en l'air dans les prés, assaillis par les taons et les mouches.

« Ô Dieu tout puissant, protège-nous contre l'orage et calme nos frayeurs ».

Saint guérisseur

Saint Clair est bon pour soigner les maux des yeux. Plusieurs fontaines en Normandie à Saint-Clair-sur-Elle, en Touraine à Varennes près de Loches attirent les pèlerins. Les malades procèdent par lavage sur place et peuvent emporter le précieux liquide.

Remède de grand-mère

Contre les brûlures, les piqûres d'insectes et les coups de soleil, faire macérer au moment de la floraison des pétales de lis blancs dans de l'huile d'olive. Laisser reposer un mois dans un bocal fermé hermétiquement dans un endroit sec, à l'abri de la lumière

19

Saint Vincent de Paul, Saint Arsène
Année de pucerons
Année de houblon.

Tradition

Le vinaigre d'Orléans

Une corporation contribuait jadis à la célébrité d'Orléans : c'était celle des vinaigriers, qui avait été érigée en 1394, par le roi Charles VI. En 1580, Henri III avait octroyé des armoiries à la communauté des maîtres vinaigriers, buffetiers, moutardiers d'Orléans. Le vinaigre d'Orléans n'est autre que du vin rendu aigre. Celui d'Orléans est limpide, de couleur jaune naturelle et produite par le vin blanc employé. Son odeur est agréable, douce et légèrement éthérée, sa saveur fraîche, acide, sans âcreté.

Charade beauceronne

Mon premier parle de canal+
Mon second signifie que je rouspète deux fois
Mon troisième autorisait la compétition ches les Romains
Mon Quatrième fait beaucoup
Mon cinquième indique quelqu'un d'un jour de chance
Mon sixième sous-entend le lieu
Mon septième adore
Mon tout est une vérité architecturo-historique

20

Sainte Marguerite, Sainte Marina
Autour de Sainte Marguerite,
Longue pluie est maudite.

Recette de terroir

Le Cotignac d'Orléans

Connu depuis le 17ème siècle, c'est une confiture de pommes et de coings qui se vendait selon la tradition dans de petites boites rondes en des feuillets de bois.

Remède de grand-mère

C'est l'époque de cueillir la Reine des prés qui fleurit en juin et juillet.
On récolte la fleur et la tige coupée au ras du sol. On mettra le tout à sécher au grenier ou dans un endroit sec et bien aéré pour être consommé pendant toute l'année.
En infusion, elle soulage les rhumatismes et les douleurs.
La décoction de fleurs possède des vertus diurétiques et fait tomber la fièvre.

Le langage des fleurs

La rose

« Beauté, amour »

On compte aujourd'hui une quantité considérable de roses. Fleur de l'amour, elle a été créée par Chloris, déesse des fleurs, à partir du corps sans vie d'une nymphe qu'elle avait découvert dans une clairière.
La rose rouge est amour et passion, la blanche amour raffiné, la jaune infidélité.

21

Saint Victor
Quand il pleut à Saint Victor,
La récolte n'est pas d'or.

22

Sainte Marie Madeleine
A Sainte Madeleine,
La noix est pleine.

Recette de terroir

Filets d'agneau à la Condé

C'est un plat historique.

La recette est de l'illustre Vatel lui-même, qui la fit exécuter dans les cuisines de Chantilly, quelques jours avant son dramatique suicide.

« On prend, nous dit-il, des filets d'agneau, depuis le haut du quasi jusqu'au bas du collet. Après les avoir bien parés, on les pique avec des lardons d'anchois et des cornichons, et on les marine dans du beurre, de l'huile vierge, du persil, des ciboules, des échalotes, des câpres et des champignons hachés bien menus, et sur quoi on jette du sel, du poivre, de la poudre d'épices fines, du basilic, de la chapelure ainsi que deux jaunes d'œufs cuits et hachés. Filets et assaisonnements seront enveloppés de crépines. On les fera ensuite cuire à la broche, enveloppés de papier, au moyen de petits hâtelets.

Quand ils seront cuits, on les panera avec un peu de beurre manié avec de la mie de pain, ce qui avec du blond de veau, de la muscade et du jus, formera la sauce que l'on tournera sur le feu en observant qu'elle doit avoir peu de consistance. »

On dit que tous ceux qui ont expérimenté cette recette et quelques autres de Vatel, s'accordent en dépit de quelques cuisiniers jaloux de sa gloire, à reconnaître au maître d'hôtel du prince un très grand talent professionnel.

23

Sainte Brigitte
Qui dort en Juillet jusqu'au soleil levant,
Mourra pauvre finalement.

Au rucher

Quand le propriétaire des abeilles meurt, on met un crêpe à chaque ruche et on dit aux abeilles : « Belles, votre maître est mort ». Si l'on n'agissait pas ainsi, les abeilles émigreraient ou mourraient.

24

Sainte Christine
A la Sainte Christine
Le blé frappe l'échine.

Fin juillet début août, la sève cesse de couler pendant quelques jours : on dit alors que « la végétation est suspendue ». C'est l'époque où l'on peut supprimer le bourgeon terminal de certains arbustes et plantes afin de favoriser et équilibrer la croissance des branches.

Remède de grand-mère

La cerise

L'infusion des queues de cerises à raison de 10 g par litre d'eau est un diurétique universellement connu et employé dans les cas d'inflammations urinaires.

On utilise la décoction à raison de 30 g par litre d'eau dans les cas de grippe, rétention urinaire, jaunisse, rhumatisme, goutte, coliques néphrétiques. On peut augmenter l'efficacité en jetant la décoction bouillante sur 250 g de cerises ou de pommes découpées en morceau. On laisse en contact 20 mn puis on passe au tamis.

25

Saint Jacques
Si Saint Jacques est serein,
L'hiver sera dur et chagrin.

26

Sainte Anne, Saint Joachim
Pluie de Sainte Anne
Tombe comme une manne.

La dernière gerbe de la moisson

Quand, dans une ferme, la moisson était terminée, quand la dernière gerbe était rentrée, on criait « javelot » ce qui signifiait qu'il n'y avait plus de javelles (gerbes) à lier.
On offrait cette dernière gerbe, le javelot, aux maîtres des lieux et dans certaines contrées le garde champêtre recevait une des dernières gerbes pour qu'il surveille bien les champs et les récoltes.
« … vers six heures, un joueur de vielle commença un air de bourrée, et les charrettes pleines, que traînaient les boeufs liés au joug, se mirent en mouvement. Elles descendirent vers la prairie au moment où le soleil déjà plus bas, commençait à projeter sur les prés les ombres allongés des peupliers. A l'avant de la dernière voiture était attachée la maîtresse gerbe, enrubannée, fleurie et terminée par une croix d'épis de blé. Près des bœufs, à côté du conducteur, le vielleux faisait résonner sa manivelle ; tout l'ordon des moissonneurs suivait la file : les vieux métayers en tête ; après eux, les métiveurs avec la faucille en sautoir et la veste sur l'épaule, puis les ramasseurs et les lieuses de gerbe, marchant trois par trois ; le petit monde enfin, drôles et drôlières, jambes nues et cheveux ébouriffés, lançant des regards de convoitise vers la grande table chargée de viande froides et de pâtisseries. Quand les charrettes furent arrivées au seuil de la grange, la vielle fit silence. Alors deux métayers, deux anciens, décrochèrent la gerbe enrubannée et la déposèrent solennellement devant les propriétaires du domaine. On avait apporté une bouteille. Le vieux en emplit un verre, le leva à la hauteur de l'œil, puis en versa quelques gouttes sur les épis, et saluant de nouveau :
«A vos santés, notre maître et notre maîtresse, et aussi à la santé de la gerbe.» Et gravement, lentement il vida son verre. Il y avait quelque chose de touchant, je ne sais quoi de simple et de grand comme une idylle antique, dans la consécration de ce beau froment doré par le paysan qui l'avait semé et moissonné à la sueur de son front ; dans cette libation faite en plein soleil, en l'honneur des fruits du rude travail de l'année. »

André Theuriet - La vie rustique 1866.

27

Sainte Nathalie
On sait que Juillet est bon
Qu'après faite la moisson.

28

Saint Samson
Le jour de Saint Samson
Le pinson boit au buisson, vigneron défonce ton ponceau.

Charade

Mon premier désigne le pourvoyeur de vin
Mon second indique une couleur exclusive
Mon troisième donne l'endroit où est secrété ce qui provient d'un coup
Mon tout décrit le paysage autour de Chartres

Personnage célèbre de nos terroirs

En hommage aux victimes des guerres, c'est Maurice Maunoury, né à Luisant en 1863, député de Chartres en 1910, qui eut l'idée de faire placer sous l'Arc de Triomphe, à Paris, les cendres d'un soldat inconnu-mort sur les champs de batailles de la guerre 14-18.

29

Sainte Marthe
Mauvais temps à la Sainte Marthe,
N'est rien car il faut qu'il parte.

30

Sainte Juliette
Souvent Juillet orageux,
Amène hiver rigoureux.

31

Saint Ignace de Loyola
Frais juillet épaisse tourte,
Met peu de vin dans ta soupe.

	1	2	3	4	5	6	7	8	9	10	11
A											
B		■						■			
C									■		
D			■		■			■			
E										■	
F					■			■		■	
G					■	■			■		
H											
I		■									
J						■	■			■	
K					■						

Horizontalement :

A-depuis longtemps, en tout cas en Beauce, remplacé par la machine. **B**-tourné ; modèle agricole pour les grandes cultures. **C**-lieu saint de Beauce ; conjonction. **D**-est tombé (phon.) ; fin d'infinitif ; classement. **E**-comme le pélerin à Chartres. **F**-élan brisé ; possède. **G**-gagneras ; conjonction ; révolution. **H**-façon d'employer les bineurs de betteraves. **I**-amour comblé à Chartres (2 mots). **J**-relève ; attrapé. **K**-prolonge ; à l'ouest de la Beauce.

Verticalement :

1-révolutions actives en Beauce. **2**-flairera ; déplacé. **3**-se portera ; estai. **4**-arrachassent. **5**-société nationale de transports ; forme. **6**-colorera ; conjonction. **7**-refuseraient. **8**-action de l'attelage. **9**-attrapé ; net ; évacuation partielle. **10**-racler ; ira mal. **11**-comme l'agriculture beauceronne.

Août

Lion

22 juillet au 21 août

Le proverbe du mois
« Le soleil est pour le brin d'herbe comme pour le cèdre »

Vers le 10 Août dans certaines campagnes on avait l'habitude de consulter le ciel au début de la nuit. Tandis que chantaient les « guernazelles » (grenouilles) on regardait tomber les étoiles filantes que les anciens des terroirs appelaient les larmes de Saint Laurent dont la fête est le 10 Août.

1

Saint Pierre ès Lien, Saint Alphonse,
S'il pleut à Saint ès Lien,
Les noisettes ne valent rien.

La plante du mois

La camomille
Il y a deux variétés de camomille, la romaine et l'allemande.
La romaine à petites fleurs a des propriétés calmantes et digestives en infusion avant les repas (4 à 5 têtes pour une tasse).
L'allemande est excitante, énervante et donne facilement des crampes
La camomille romaine peut être employée en friction sous forme d'huile contre les rhumatismes. On fait digérer au bain-marie 10 g de fleurs pour 100 g d'huile de table en y ajoutant à parties égales de la sauge et du romarin et éventuellement un peu de camphre bien que la camomille en contienne par elle-même.

2

Saint Julien, Saint Etienne
Quand il pleut en Août,
Les truffes sont au bout.

Remède de grand-mère

Mal aux yeux, conjonctivite.
On peut se recouvrir directement les yeux de compresses humides avec des infusions de bleuets que l'on appelle aussi « casse-lunettes ».
L'eau de rose est aussi précieuse associée à la sève de vigne que l'on récolte au moment de la taille (quand la vigne pleure) en compresse sur les yeux rougis, douloureux et larmoyants.
Les infusions de verveine, camomille et plantain sont aussi efficaces dans ce type d'affections.

Saint guérisseur

Saint Julien guérit de la teigne et des croûtes de lait.

3

Sainte Lydie
Tels les trois premiers jours d'août,
Tel le temps de l'automne.

Le langage des fleurs

L'ORANGER

« VIRGINITÉ, GÉNÉROSITÉ »

A la fleur d'oranger appartient le doux privilège de former le bouquet des jeunes mariées.
Importé de Chine au 15ème siècle, tous les poètes l'ont chanté, c'est un des plus beaux arbres de la création. Il fut célèbre dans l'antiquité. Les fameuses pommes d'or qu'Hypomène lança dans l'arène pour vaincre la belle Atalante à la course, étaient de splendides oranges dérobées au jardin des Hespérides.

4

Saint Dominique, Saint Jean Marie Vianney
Qui dort en Août,
Dort à son coût.

TRADITION

Le marais de Grande Brière est né d'une volonté locale. Il est un des tout premiers Parcs en France. Créé en 1970, son territoire s'étend sur 49 000 ha, dont 17 000 ha de zones humides, au cœur desquelles le marais de Grande Brière Mottière qui couvre à lui seul 7 000 ha, propriété indivise des habitants de 21 communes.
Les Briérons, liés au marais, se sont adaptés en protégeant le patrimoine architectural et naturel, en développant des activités et une communauté originales leur donnant droit d'usage et de propriété sur les 7 000 ha du marais indivis de la Grande Brière Mottière.

RECETTE DE TERROIR

Les civelles sont des alevins d'anguilles qui sont allées frayer dans la mer des Sargasses. Elles traversent l'Atlantique et remontent les cours d'eau. Elles sont notamment pêchées dans l'estuaire de la Loire au moment de leurs remontées vers les frayères.
On les prépare cuites au court bouillon avec ail, laurier et oignons ou en friture dans de l'huile. C'est un mets délicat, fin, rare et cher. Il faut compter 150 à 200 euros le kg.

5

Saint Abel,
Coupe ton bois en pleine lune d'Août,
Il sera sain comme un os.

Personnage célèbre de nos terroirs

Selon différents biographes, Guy de Maupassant serait né le 5 août 1850 soit au château de Miromesnil, près de Dieppe, soit à Fécamp chez sa grand-mère maternelle.
Conteur et romancier à la charnière du réalisme et du naturalisme, il excelle à rendre les hantises et les abîmes de l'âme. Il est l'ami d'Emile Zola et Gustave Flaubert.
Boule de Suif, en 1880, lui vaut son premier grand succès littéraire. Suivront 300 nouvelles et contes, *Les Contes de la Bécasse*, *La Maison Tellier*, *Miss Harriet*…ainsi que 6 romans. Il n'a aucune confiance dans la vie et sa vision pessimiste et désespérée du monde le conduit à des hallucinations, des angoisses et à une tentative de suicide. Il est interné dans une maison de santé où il meurt, fou, âgé de 43 ans, le 6 juillet 1893.

6

Saint Agapi, Transfiguration
Quand l'Août est bon,
Abondance à la maison.

La bonne lune au jardin

Continuer à ébourgeonner les tomates pour que la sève profite aux fruits. On peut aussi enlever quelques feuilles pour accélérer leur maturité.
En vieille lune, on sème des épinards et de la mâche.

Truc et astuce

On peut nettoyer l'argenterie en utilisant l'eau de cuisson des pommes de terre ou la frotter avec un demi chou-pomme cru.

Charade bretonne

Mon premier interroge pour avoir le nom
Mon second désigne de gros animaux d'attelage
Mon tout s'avance dans la mer

Laval

7

Saint Gaétan
Brumes d'Août font passer les châtaignes.

Au rucher

Quand, en plein été, les abeilles ne sortent durant la journée de la ruche, c'est signe de pluie ou d'orage pour le lendemain.
En Août, dernière récolte, celle du Tournesol.
En 2003, les fleurs de tournesol ayant complètement grillé, la production a fait une chute vertigineuse.
Une ruche peut produire 20 à 30 kg de miel par an mais les apiculteurs restent inquiets face à une mortalité importante due à l'utilisation abusive des pesticides.

Au jardin

En été, il est conseillé d'arroser le soir après le coucher du soleil. La terre doit être bien trempée. Au matin, on peut pratiquer un bon binage quand la terre est bien ressuyée.

8

Saint Dominique
Soleil rouge en Août,
C'est de la pluie partout.

Recette de terroir

Le far breton
A l'origine le far breton ne contient ni pruneaux ni raisins secs.
Pour 6 personnes : 250 g de farine de froment, 150 g de sucre, 1 sachet de sucre vanillé, 4 œufs, 1 litre de lait, 1 petit verre de rhum, du beurre, et 100 g de pruneaux dénoyautés qui auront mariné dans du rhum.
Mélanger l'ensemble des ingrédients pour obtenir une pâte lisse, homogène et peu épaisse
Bien beurrer un plat en grès et y verser la pâte.
Faire cuire pendant 40 mn dans un four chaud. Servir froid ou tiède.

St Malo

9

Saint Amour
Les poulets du mois d'Août,
N'ont jamais le derrière clos.

Recette de terroir

Le curé nantais
C'est un fromage inventé par un certain M. Hiver, agriculteur à Saint-Julien-de-Concelles en 1880. Fabriqué au lait cru, affiné et emballé à Pornic, il pèse environ 200 g.

10

Saint Laurent
Qui sème pour Saint Laurent,
Y perd la graine et puis le temps.

Au jardin

Le roi Oscar II de Suède était un passionné de jardinage et c'est dans sa propriété de Saint Raphaël sur la Côte d'Azur qu'il pouvait le mieux s'adonner à sa passion.
Il avait pour voisin l'écrivain Alphonse Karr, grand jardinier lui aussi. Celui-ci voulut un jour emprunter à son illustre et royal voisin un livre fort rare sur certaines plantes.
Il envoya son domestique auquel le roi fit transmettre à son patron que ses livres ne sortaient pas de sa bibliothèque : « Si vous voulez les consulter, venez chez moi ».
A quelque temps de là, Oscar II eut un problème d'arrosoir et il envoya un de ses valets en chercher un chez son voisin l'écrivain. Karr, grand seigneur fit transmettre à son royal voisin ce message : « Dites à votre maître qu'il peut venir arroser ici tout à son aise. Mes arrosoirs ne sortent pas de chez moi ».

Saint guérisseur

Saint Laurent est prié contre les zonas, brûlures, dermatoses, boutons et les maux à la figure dits feu de Saint Laurent.

11

Sainte Claire, Sainte Suzanne, Saint Alexandre
En Août et vendanges il n'y a ni fêtes ni dimanche.

Prières contre les orages

Je me souviens que les soirs d'orage mon arrière grand-mère faisait ses prières. Elle allumait des cierges bénits et outre les Notre Père et Je Vous Salue Marie, il y avait aussi les prières à Sainte Barbe et Sainte Claire

« Sainte Barbe et Sainte Claire
Vous qui avez participé à la Croix du Seigneur
Eloignez de moi le tonnerre et les éclairs ».
Ainsi soit-il.

Le langage des fleurs

Le glaïeul
« Défi, provocation »
Placé au milieu d'un bouquet, le nombre de ses fleurs sur sa longue tige indique l'heure du rendez-vous.

Charade bretonne

Mon premier circula sur la lune
Mon second caractérise le setter
Mon troisième se dit de certaines veuves
Mon quatrième se dit d'un partage
Mon tout fournit de quoi agrémenter les plats

12

Sainte Clarisse, Saint Hilaire
Août pluvieux,
Cellier vineux.

Les bêtes à bon Dieu

Les petits scarabées, bêtes à bon Dieu, que sont les coccinelles ne doivent jamais être écrasés. On doit les protéger, car ce sont des insectes porte bonheur. Quand on les trouve sur les tiges de lis, c'est signe de bonnes nouvelles.

« Bête à bon Dieu, au ciel envole-toi,
Tu m'apporteras de l'or et de l'argent. »

TRUC ET ASTUCE

Fourmis : décoctions de feuilles de noyer, rondelles de citron moisies, feuilles de tomate.
Moustiques : fleurs de lavande et de géranium, par grande chaleur, une rangée de pots de basilic sur le bord de la fenêtre ouverte et on peut dormir tranquille. L'odeur du basilic fait fuir les moustiques.
Cloportes : mettre dans les endroits infestés une demi-pomme de terre évidée au creux de laquelle les sales bêtes vont se regrouper.

13

Saint Hippolyte, Sainte Radegonde
S'il pleut le jour de Sainte Radegonde,
Misère abonde sur le monde.

Recette de terroir

Le beurre blanc

La petite histoire dit que le beurre blanc a pour origine une sauce ratée par Madame Clémence Praud cuisinière du Marquis de Goulaine au début du XXe siècle. Manquant d'ingrédients pour une béarnaise, elle eut l'idée de mélanger du beurre et des échalotes finement hachées avec du muscadet et du poivre.

Félicitée pour cette « nouvelle sauce », Clémence venait d'inventer sans le savoir la recette du beurre blanc. Elle mit au point pendant quelque temps sa création chez le marquis puis s'installa dans un petit restaurant des bords de Loire à La Béchuette, près de Saint-Julien-de-Concelles, où sa création associée aux brochets, sandres, aloses fit merveille et connut un succès qui allait devenir national. Tout le long de la Loire chacun a sa version. Certains préconisent du vinaigre de vin blanc, d'autres préfèrent le vinaigre fait uniquement à partir de muscadet, les derniers combinent vinaigre et vin blanc.

Pour faire le beurre blanc

3 échalotes, 10 cl de vinaigre de vin, 5 cl de muscadet, 250 g de beurre, sel de Guérande et poivre blanc.

14

Saint Eusèbe, Saint Evrard
A la Saint Eusèbe,
Un temps sec grossit la gerbe.

Tradition

La fête des filets bleus à Concarneau

La Fête des Filets Bleus est l'illustration vivante de l'histoire de Concarneau. Au début du 20ème siècle, la sardine ayant déserté durant plusieurs saisons la baie, la misère régnait dans de nombreux foyers de marins. C'est pour leur venir en aide que le dimanche 10 septembre 1905, un groupe d'écrivains, de peintres et de chanteurs montmartrois, amoureux de la ville, fondèrent « la Fête des Filets Bleus ». D'abord, pure fête de bienfaisance avec kermesse aux stands divers, elle se transforma en fête folklorique. Aujourd'hui, un superbe défilé aux couleurs de toute la Bretagne se déroule l'avant dernier dimanche d'août, au son des bombardes et binious.

Le saviez-vous ?

L'araignée peut vivre de 1 à 2 ans, l'abeille reine 5 ans, l'aigle 30 ans, l'âne 45 ans, le bœuf 25 ans (si le boucher n'intervient pas avant), la carpe plus de 100 ans ainsi que la tortue, le chat 16 ans, le cheval 60 ans, l'escargot 8 à 10 ans comme le lapin, le hérisson 8 ans, le moineau 10 ans et la petite mouche mâle 7 jours.

15

Assomption
La Vierge du 15 Août,
Arrange ou défait tout.

Tradition

Fête des chants de marins de Paimpol

Créée en 1989, cette fête de chants de marins est devenue le plus grand évènement du genre en Europe. Mi-Août à Paimpol est devenu le rendez-vous international de la chanson de mer, celle du temps de la marine en bois, des marins chanteurs et musiciens d'aujourd'hui et des musiques de toutes les mers du monde.

Le temps qu'il a fait

Le 15 août 1956, on n'est pas loin de l'hiver au coeur de l'été avec 3°2 au petit matin au Mans !

16

Saint Armel, Saint Roch
De Saint Roch la grande chaleur,
Prépare du vin la couleur.

Recette de terroir

Galette de sarrasin

Depuis des siècles, la Bretagne produit le sarrasin, cette plante à graines noires, sans doute venue en Europe avec les Mongols, à l'origine de l'appellation actuelle de blé noir et des fameuses galettes, qui ont nourri des générations de Bretons. Céréale synonyme autrefois de pauvreté, elle est aujourd'hui objet culturel et gastronomique.
Pour une vingtaine de crêpes : 500 g de farine de blé noir, une poignée de farine de froment pour assouplir, 2 œufs, 1 cuillère à soupe de sel de Guérande, 1 l d'eau
Bien mélanger le tout en évitant les grumeaux pour obtenir une pâte de la consistance d'une bouillie claire.
Laisser reposer 3 à 4 heures
Elle peut être fourrée de saucisse, oeuf, jambon, ou fromage avec un peu de beurre salé.
Avec un bon coup de bière ou de cidre breton.

Saints guérisseurs

Saint Armel est traditionnellement invoqué contre la goutte.
Saint Roch est toujours représenté dans les églises montrant une plaie à son genou, accompagné de son chien qui tient un petit pain dans sa gueule. Il fut prié contre la peste. Aujourd'hui, la peste ayant disparu, Saint Roch est appelé contre les épidémies et les maux contagieux.

17

Sainte Hyacinthe, Sainte Julienne
A la mi- Août, l'hiver est en route.

Un vieux métier

Le rémouleur exerçait son activité sur les routes et dans les rues des villages pour aiguiser couteaux, ciseaux et autres rasoirs. On l'appelait aussi « *repasseur* » (le verbe repasser est un vieux synonyme d'aiguiser). « l'*émouleur* », quant à lui, exerce le même métier, mais de façon sédentaire ; il s'agit plutôt d'un ouvrier.
Il est muni d'une lourde meule de grès, souvent actionnée à la main par un apprenti. A l'origine, le bâti était transporté sur le dos au moyen de sangles. Plus tard, la brouette a rendu le transport moins fatigant. Encore plus tard, la pédale lui permettra d'actionner lui-même la meule à l'aide du pied.

Dans les vignes

C'est la véraison : Les grains ont grossi, ils changent de couleur et passent, pour les rouges du vert au rosé et pour les blancs du vert au jaune translucide. Le sucre sous l'effet du soleil sur les pierres arrive dans l'eau du grain.

18

Sainte Hélène
A la Sainte Hélène la noix est pleine.

Recette de terroir

Tête de cochon au pot
Saler au préalable pendant quelques jours la tête de porc, puis la mettre dans une marmite avec de l'eau, du poivre, 2 clous de girofle, 3 ou 4 têtes de choux verts, 1 ou 2 gousses d'ail et un peu de mie de main, puis laisser bouillir 2 heures,
On sert le bouillon sur des tranches de pain, cela fait la soupe à la tête de porc.
La viande se sert sur un grand plat creux, aspergée légèrement de vinaigre. Elle se mange soit avec du gros sel (comme le pot au feu) soit à la vinaigrette.
On l'accompagne des choux cuits. On peut ajouter aussi quelques pommes de terre et d'autres légumes,
Ajouter un bon morceau de beurre, sel et poivre.

19

Saint Jean Eudes
Après le 15 Août, lève la pierre, la fraîcheur est dessous.

20

Saint Bernard
En Août quiconque dormira sur midi s'en repentira.

Tradition

Les conscrits

Pour palier le manque d'engagements volontaires, la loi Jourdan de 1798 institue la conscription.
Elle impose à tous les hommes de 20 ans un tirage au sort qui conduit au conseil de révision et à une éventuelle incorporation sous les drapeaux. L'absence pouvait alors durer de sept ou huit ans. Un simple numéro, une main heureuse ou malheureuse soldaient le destin des jeunes hommes. Le tirage au sort avait lieu en Janvier au chef lieu de canton, le conseil de révision de février à fin avril et le départ en novembre.
A cette injustice du tirage au sort s'ajoutait encore l'exemption de ceux qui pouvaient se payer un remplaçant.
Cette méthode de conscription sera supprimée par la loi du 21 mars 1905.
Pour nos ancêtres, être le «gars de la classe» était considéré comme le passage à l'âge adulte. Munis des attributs du conscrit, c'était l'occasion de faire la tournée des maisons et les saouleries des futurs soldats bénéficiaient de l'indulgence de la population des villages.

Au verger

La greffe en écusson se pratique pendant ce mois à la montée de la deuxième sève en lune montante. On conseille d'arroser les porte-greffes pendant les quinze jours qui précèdent le greffage.

Personnage célèbre de nos terroirs

Pierre Jean de Béranger, le célèbre chansonnier français né à Paris le 19 août 1780, a habité la Grenadière à Saint-Cyr-sur-Loire de 1836 à 1848. Un boulevard porte son nom à Tours où a lieu chaque mercredi et samedi le célèbre marché aux fleurs.

Remède de grand-mère

Pour arrêter les saignements de nez, introduire dans les narines un tampon imbibé d'une décoction réduite de serpolet. Ecraser des orties fraîches et faire aspirer le suc recueilli.

21

Saint Christophe, Saint Privat, Sainte Jeanne
Pluie d'Août fait truffes et marrons.

Saint guérisseur

Un pèlerinage à Saint Christophe soigne l'épilepsie.

La bonne lune au jardin

Si on arrache les pommes de terre en lune vieille, elles développeront moins de germes pendant l'hiver.
La récolte peut s'étaler du 20 août à la fin septembre.

Truc et astuce

Pour enlever le dépôt calcaire des carafes, utiliser du vinaigre de vin chaud puis bien rincer. On peut verser de l'eau et des coquilles d'œufs concassées, bien agiter en tout sens et rincer à l'eau claire.

22

Saint Fabrice, Saint Symphorien.
Beaucoup de belettes blanches pour la Saint Symphorien,
Disent que l'hiver est en chemin.

Le langage des fleurs

Le nénuphar

« Pureté de cœur »

Il vient du mot arabe «ninûfar». Cette plante aquatique du plus bel effet pendant la floraison épanouit ses fleurs hors de l'eau. On croyait autrefois que la racine du nénuphar était antiaphrodisiaque. On dit que les propriétés de ses fleurs sont nulles mais que la racine, loin d'avoir les vertus qu'on lui supposait, produirait plutôt un effet tout opposé.

23

Sainte Rose, Saint cœur de la vierge
Temps sec en Août et gros nuages bleus, neige pour l'hiver.

Recette de terroir

Le Châteaubriant

C'est une pièce de bœuf de 300 à 400 g prélevée dans la tête du filet. Grillé ou poêlé, il doit être saisi à l'extérieur et chaud à l'intérieur.
Il aurait été inventé par un certain Montmirail, cuisinier de François René de Chateaubriand dont les ancêtres Brient ou Briant ont fondé la ville de Chateaubriant.
L'autre version désigne le cuisinier Magny dont le restaurant s'était rendu célèbre pour ses dîners littéraires. Il aurait alors créé ce plat pour un de ses clients, M. de Chabillan, comme celui-ci était inconnu il se transforma en Chateaubriant.

24

Saint Barthélémy
A la Saint Barthélémy paie ton dû.

Saint guérisseur

Saint Barthélémy guérit les plaies en général.

Tradition

On les rencontre dans l'estuaire de la Loire de Paimbeouf à la baie de Bourgneuf et dans celui de la Gironde.
Ces étranges constructions ressemblant à de grands miradors colorés sont des pêcheries, grandes cabanes souvent confortables, montées sur pilotis reliées à la terre par une passerelle en planches. Elles sont équipées d'un grand filet de quatre à cinq mètres de côté, *le carrelet*, qui est descendu à marée haute puis remonté régulièrement par un système de poulies avec toutes sortes de poissons, bars et anguilles…

25

Saint Louis
Beau temps à la Saint Louis,
Longtemps sans pluie.

26

Sainte Natacha
Août donne goût.

Au verger

Prunes, poires et mirabelles arrivent à maturité dans les derniers jours du mois d'août suivant les années. Pour une meilleure conservation, on va profiter de la lune décroissante pour faire confitures et conserves de fruits peu sucrées.

CHARADE BRETONNE

Mon premier marque l'étonnement
Mon second marque la découverte
Mon troisième marque l'intérêt d'une aventure
Mon quatrième marque la peau
Mon cinquième récompense un couple de vainqueurs
Mon sixième s'en amuse
Mon tout est un festival de musiques

Personnage célèbre de nos terroirs

Hugues Lapaire
Il est né le 26 Août 1869 à Sancoins dans le Cher. Poète, romancier, homme de théâtre, il trouve l'inspiration de ses romans dans la vie quotidienne des paysans du Berry.
Il meurt en 1967 et laisse 110 ouvrages.

Aux champs

On récolte les légumineuses, fèves, vesces, lentilles, pois à vache. Elles sèchent assez mal si la saison n'est pas très bonne. Il faut les surveiller et les rentrer rapidement dès que la maturité est assez avancée.
Fin du mois, on commence à récolter le tabac. On arrache le lin quand les capsules sont grises, puis le chanvre que l'on va mettre à rouir.

27

Sainte Monique, Saint Césaire, Saint Eblond
Qui demande pluie à Saint Eblond,
N'est jamais laissé à l'abandon.

28

Saint Augustin
Pluie fine à Saint Augustin
C'est comme s'il pleuvait du vin.

	1	2	3	4	5	6	7	8	9	10	11
A											
B		■	■					■			
C									■		
D		■				■	■				
E						■				■	
F				■		■			■		
G							■		■		
H		■			■		■				
I								■			
J				■			■				
K											

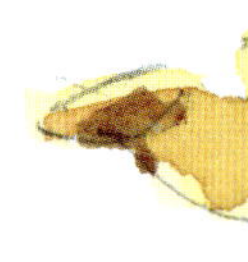

HORIZONTALEMENT :

A-dressés en Vannetais. **B**-se consomme cassé ; tombé. **C**-département ; en poupe. **D**-cœur de neige ; sainte locale et reine bretonne. **E**-se danse à Redon ; porteur de charges. **F**-divinité ; note ; en mouvement. **G**-endroit bien planté du Vannetais ; creux du sein. H-attrapé ; privé de. I-fâchai ; grecque. J-rejeta ; adversaire de Nantes ; biniou-bombarde-tambour. K-saint de Vannes.

VERTICALEMENT :

1-bretons. **2**-lieu d'images ; se rencontre plutôt en Basse-Bretagne. **3**-astiquerai à nouveau mon blason. **4**-habitant du bord de mer ; fait du tort. **5**-tombera d'une façon rare en Bretagne ; à l'aube. **6**-hésitation ; lieu à menhirs ou à cultures. **7**-mouvement des femmes armoricaines ; attribution. **8**-capitale bretonne excentrée ; en tête. **9**-nouveaux chiches ; négation ; dur. **10**-se pêche encore depuis Concarneau ; se dresse en Bretagne sud. **11**-contrôle général.

29

Sainte Sabine
Fin Août le coucou perd son chant,
C'est la caille qui reprend.

30

Saint Fiacre (patron des jardiniers)
Jamais d'Août la sécheresse,
N'amènera la richesse.

Saint Fiacre patron des jardiniers

Fiacre est un ermite venu d'Irlande. Voulant construire un monastère, la légende rapporte qu'il obtiendrait la terre souhaitée égale à la surface qu'il pourrait bêcher en une nuit. Armé de sa bêche, il réalisa une véritable prouesse et obtint un terrain suffisamment vaste pour créer un jardin merveilleux suscitant l'admiration des jardiniers, maraîchers et paysagistes.

Il y cultivait les fleurs avec succès. C'est ainsi que jardiniers, horticulteurs et maraîchers furent amenés à le prendre pour saint patron.

La Corporation de Saint Fiacre existe toujours à Orléans depuis1806. Elle poursuit la tradition et organise chaque année une fête dont les bénéfices, à l'origine, étaient versés aux jardiniers éprouvés par la maladie, la grêle ou le gel.

Saint guérisseur, on l'implore contre les maladies du tube digestif, hémorroïdes, hernies, ulcères et les coliques des enfants.

31

Saint Aristide, Saint Raymond
Beaucoup de noisettes mauvais hiver.

Septembre

Vierge
22 août au 22 septembre

Le proverbe du mois
« Plus je me regarde, plus je me dégoûte
Mais plus je me compare, plus je me préfère. »

C'est le mois de la chasse et les campagnes sont giboyeuses comme au temps où les rois s'y livraient à leur sport favori, Les vallées deviennent plus fleuries, les premiers raisins sont mûrs ainsi que les meilleurs fruits.

1

Saint Gilles, Saint Leu
A la Saint Leu,
L'ail à la terre.

La plante du mois

La myrtille

Outre les préparations culinaires comme la gelée, compote et confitures, les baies de myrtilles ont la réputation de désinfecter l'intestin dans le cas d'entérites aiguës et chroniques. A employer sous forme de décoction à raison de 100 g de baies par litre d'eau bouillante à la dose de trois ou quatre tasses par jour. Cette décoction avait la réputation d'être efficace contre l'incontinence des enfants et en gargarisme contre les aphtes de la bouche et les inflammations de la gorge.

Saint guérisseur

Saint Gilles est sollicité pour la guérison des peurs, les frayeurs nocturnes des enfants, les convulsions, angoisses diverses (souvent liées à l'actualité) et les dépressions nerveuses.

2

Sainte Ingrid, Saint Alphonse, Saint Lazare
En Septembre l'osier fleurit,
En même temps que le raisin mûrit.

Tradition

La culture du chanvre

« Quand le chanvre est arrivé à point, c'est-à-dire suffisamment trempé dans les eaux courantes et à demi-séché à la rive, on le rapporte dans la cour des habitations ; on le place debout par petites gerbes… C'est à la fin de septembre, quand les nuits sont encore tièdes, qu'à la pâle clarté de la lune on commence à broyer. Dans la journée, le chanvre a été chauffé au four; on le retire, le soir pour le broyer chaud. On se sert pour cela d'une sorte de chevalet surmonté d'un levier en bois qui, retombant sur des rainures, hache la plante sans la couper. C'est alors qu'on entend la nuit, dans les campagnes, ce bruit sec et saccadé de trois coups frappés rapidement. Puis un silence se fait ; c'est le mouvement du bras qui retire la poignée de chanvre pour la broyer sur une autre partie de sa longueur. Et les trois coups recommencent ; c'est l'autre bras qui agit sur le levier, et toujours ainsi jusqu'à ce que la lune soit voilée par les premières lueurs de l'aube. »

George Sand- Les noces de campagnes-

A l'issue de cette opération on peignait le chanvre pour nettoyer les fibres et constituer les quenouilles.

3

Saint Grégoire
Pluie à Saint Grégoire,
Autant de vin en plus à boire.

4

Sainte Rosalie, Saint Marin
Septembre se nomme
Le Mai de l'automne.

Tradition

« L'ouverture de la chasse en Sologne ! Est-il, pour un vrai chasseur, rêve plus beau ? La Sologne ! Ce paradis des disciples de Saint Hubert où se trouvent réunis presque tous les gibiers de France…
Si l'on rencontre, en cet Eden de la chasse, une telle diversité de gibier, c'est que toutes les espèces animales trouvent dans cette Sologne, bénie par tous les fusils dignes de ce nom, ce qui retient les unes ici, les autres là. Des étangs, des marais même, donnent à tout le gibier d'eau, canards, sarcelles, bécassines, la fraîcheur et l'humidité qu'il recherche. De riches couverts de betteraves, de luzernes, de maïs, de sarrasin, assurent aux cailles, râles de genets, perdreaux gris, la sécurité et la tranquillité dont ils ont besoin…Les grosses bêtes, sangliers, cerfs ou chevreuils, ont tout à la fois des boqueteaux où ils se plaisent et des grands bois qui les relient aux forêts avoisinantes… »

René Darmois

5

Sainte Raïssa
Septembre humide
Pas de tonneaux vides.

6

Saint Bertrand, Saint Donatien
Quand Septembre tonne,
La vendange est bonne.

Dans les vignes le ban des vendanges

Branle-bas à la cave, « le tocsin des vendanges » résonne dans tous les vignobles. On nettoie, brique, frotte. Les pressoirs sont graissés et les tonneaux inspectés. Le travail d'une année devient palpable. Chaque année se déroule la cérémonie du « ban des vendanges ».
C'est l'occasion de voir notables, maires, préfet, œnologues, ingénieurs et vignerons parcourir les vignes pour décider, en fonction de l'état de mûrissement, du degré d'alcool et des prévisions météo, de la date à partir de laquelle le vigneron pourra commencer à vendanger.

Charade de Sologne

Mon premier peut être de mer
Mon second peut être de glace
Mon troisième peut être de fer
Mon tout a occupé pas mal de Solognots

7

Sainte Reine, Saint Cloud

Si Juin fait la quantité, Septembre fait la qualité.

Saint guérisseur

On prie Saint Cloud contre les furoncles et les clous.

Truc astuce

Pour les détruire durablement les punaises des bois, faire infuser pendant 10 mn quelques feuilles d'absinthe dans de l'eau chaude. Badigeonner les boiseries avec la solution, c'est efficace.

8

Nativité de la Vierge Marie, Saint Adrien

Après la Nativité,
Le regain ne peut plus sécher.

Le langage des fleurs

Le thym

« Emotion spontanée »

L'odeur aromatique est très agréable. Elle est commune sur les collines exposées au soleil. Au Moyen-Age, les belles châtelaines brodaient sur les écharpes qu'elles destinaient à leurs amants, des abeilles voltigeant autour d'une branche de thym.

9

Saint Alain, Saint Omer
A la bonne de Septembre,
Bonne femme allume ta lampe.

Au rucher

Il peut arriver que l'apiculteur fasse une nouvelle récolte en septembre
L'automne arrive. C'est l'époque de la vérification du poids des ruches avant l'hibernation. Une ruche a besoin de 15 à 18 kg de miel en réserve pour passer l'hiver.
A la Saint Mathieu le miel ne peut plus être ramassé.

10

Saint Inès
Nuées de Septembre, pluies de Novembre,
Seront gelées en Décembre.

Le temps qu'il a fait

Le 10 septembre 1896, une tornade traverse le coeur de Paris sur 6 kilomètres de long et 300 mètres de large et le 18 septembre 1949, 64 mm de pluie tombent sur Nevers.

Charade de Sologne

Mon premier connut la toge
Mon second connut la rage
Mon troisième scande l'âge
Mon quatrième étend sa tige
Mon tout est à l'ouest de la Sologne

11

Saint Adelphe, Sainte Hyacinthe
Tu peux semer sans crainte
Quand arrive la Sainte Hyacinthe.

Recette de terroir

La gelée de coings

Prendre des coings bien mûrs, les éplucher puis les couper en quatre en enlevant les pépins que l'on conservera dans un petit sac en mousseline pour les incorporer à la cuisson. Couper les coings en petits morceaux et les faire cuire à feu doux recouverts d'un peu d'eau jusqu'à ce qu'ils s'écrasent sous la pression du doigt. Les presser fortement dans un linge fin et recueillir le jus de couleur saumonée dans une casserole en cuivre. Ajouter 50 g de sucre par litre. Faire bouillir lentement jusqu'à ce que quelques gouttes versées sur une soucoupe se coagulent. Mettre en pot.
Cette gelée est excellente pour les dérangements intestinaux.

12

Saint Appolinaire
Le vent qui domine aux quatre temps,
Dominera trois mois.

Un vieux métier

Le sabotier

Au 19 ème siècle et jusqu'au début du 20ème, hommes, femmes et enfants portent des sabots. Ils sont réalisés sur mesure et proviennent d'essences différentes que le sabotier achetait ou allait couper lui-même. Ce n'était pas n'importe quel bois : bouleau, saule, bois tendre pour les sabots de tous les jours, chêne, charme, hêtre et noyer pour les sabots de sortie. Il devait être coupé par lune descendante et laissé à sécher. Il existait plusieurs sortes de sabots: "le beutier" tout en bois, était le sabot des gens simples, « les coussins » sur lesquels il était mis une bride de cuir, le sabot dont seule la semelle est en bois, le dessus et les côtés étant en cuir, et les « claques » qui sont des sabots sans arrière soit tout en bois, soit recouverts sur le dessus avec du cuir et que l'on enfilait avec les chaussons aux pieds. « Les bourbettes » étaient des sabots en bois avec des guêtres en cuir clouées dessus utilisées soit par les marins, soit par les ouvriers travaillant dans la boue.

13

Saint aimé
Quinze jours avant Saint Michel,
L'eau ne demeure pas au ciel.

14

Sainte Croix
A la Sainte Croix,
Cueille tes pommes et garde tes noix.

Quel temps pour demain ?

Dans ce pays d'Anjou, comme en Touraine, les vicissitudes de l'atmosphère dominent la vie commerciale. Vignerons, propriétaires, marchands de bois, tonneliers, aubergistes, mariniers, sont tous à l'affût d'un rayon de soleil ; ils tremblent en se couchant d'apprendre le lendemain matin qu'il a gelé pendant la nuit ; ils redoutent la pluie, le vent, la sécheresse et veulent de l'eau, du chaud, des nuages, à leur fantaisie. Il y a un duel constant entre le ciel, et les intérêts terrestres. Le baromètre attriste, déride, égaye tour à tour les physionomies. D'un bout à l'autre de cette rue, l'ancienne Grand'Rue de Saumur, ces mots : «Voilà un temps d'or !» se chiffrent de porte en porte. Aussi chacun répond-il au voisin « Il pleut des louis ! », en sachant ce qu'un rayon de soleil, ce qu'une pluie opportune lui en apporte.

Honoré de Balzac- Eugénie Grandet

Les hirondelles vont commencer à se rassembler sur les fils électriques. Bientôt elles partiront vers des pays doux et chauds. L'automne approche et la belle saison touche à sa fin.

15

Saint Valérien, Saint Roland, saint Albin
La rosée de Saint Albin
Est, dit-on, rosée de vin.

La bonne lune au jardin

Repiquer les fraisiers en second quartier de lune. L'enracinement se fera dans de meilleures conditions avant l'hiver. Les fleurs et bien entendu les fruits seront plus abondants au printemps.

Recette de terroir

Les rillettes
Elles sont fabriquées à partir de viande de porc ou de canard cuite dans de la graisse. Les parties utilisées sont l'épaule, la poitrine et la palette. La texture des rillettes du Mans est fine, la viande étant répartie dans le gras sans que ce dernier soit visible, elles ne sont pas aromatisées. Les rillettes de Tours, moins grasses, ont une texture moins fine et possèdent de petits morceaux de viande répartis dans les rillettes. Au 16ème siècle, Rabelais, dans « le Tiers Livre », employait déjà le terme de rillettes pour désigner des morceaux de porc."

16

Sainte Edith
Septembre emporte les ponts ou tarit les fontaines.

Remède de grand-mère

On fait aussi un beurre que l'on nomme beurre de vendanges. Il est mélangé à la vendange et on le fait bouillir dedans. On retire l'écume qui guérit les gerçures et les engelures.

17

Saint Renaud, Saint Lambert
Pluie de Saint Lambert dure neuvaine.

Truc et astuce

Pour nettoyer les lainages
Un lavage dans l'eau de cuisson des haricots blancs (500 g de haricots pour 4 litres d'eau non salée) enlève les taches et redonne un moelleux sans feutrage aux lainages. Pour éviter d'utiliser des produits de grande consommation, une astuce consiste à râper, une fois bien secs, tous les petits morceaux de savon que l'on aura pris soin de récupérer. Les copeaux seront mis à fondre dans une eau tiède fournissant une eau savonneuse idéale pour un

Le langage des fleurs

La verveine

« Affection pure, inspiration, poésie »
Chez les Romains la table de Jupiter était sur un lit de verveine. Pour les Gaulois, c'était une plante sacrée. Ceux-ci prononçaient leurs oracles, une branche de verveine à la main.
Dans quelques cantons d'Allemagne on couronnait, autrefois, les jeunes mariés de cette plante sans doute en mémoire de Vénus, pour les mettre sous la protection de cette déesse.
« Herbe de tous les maux », elle est aujourd'hui une plante médicinale qui, prise en infusion, facilite la digestion.

18

Sainte Nadège
En Septembre soit prudent,
Achète graines et vêtements.

Tradition

En Sologne il existait, il y a quelque temps, un curieux animal qui passait dans les cours des fermes en faisant un bruit infernal, « La galipotte ». En général, au petit matin, le fermier constatait la disparition de poules, de canards ou d'un cochon. Certains paysans attendirent des nuits entières son passage, hélas sans succès d'ailleurs car, étonnamment, pour avoir l'autorisation de faire feu sur « la galipotte » et être sûr de l'attraper, il était obligatoire de passer voir le curé de la paroisse et de lui faire bénir les cartouches avant. Pour beaucoup, la conclusion s'imposa que cette étrange affaire devait avoir des liens avec le locataire de la maison du bon Dieu.

19

Saint Janvier, Sainte Emilie
A Saint Janvier
Les chrysanthèmes repoussent du pied.

20

Saint Eustache, Saint Davy
Gelée blanche à Sainte Eustache,
Grossit le raisin qui tache.

Recette de terroir

Cèpes frais grillés

500 g de cèpes frais, 1 dcl d'huile d'olive, 1 échalote, 1/2 gousse d'ail, 50 g de persil, 60 g de beurre, sel, poivre.

Essuyer les cèpes sans les laver, couper les pieds au ras du chapeau.

Mettre les chapeaux dans un bol, saupoudrer de sel, et de poivre, arroser d'huile d'olive, couvrir et laisser mariner pendant 1 heure,

Mettre les champignons sur le gril chauffé et les faire griller à feu modéré pendant 4 ou 5 minutes de chaque côté,

Hacher l'échalote, l'ail et le persil, travailler avec le beurre, ajouter quelques gouttes de citron, sel et poivre,

Dresser sur un plat et arroser avec le beurre manié avec le persil haché.

Le langage des fleurs

Le romarin

« Votre présence me ranime »

« L'eau de la Reine de Hongrie », au 19ème siècle était excellente contre les maux de nerfs et les accidents spasmodiques. Elle était composée avec le romarin. Don Quichotte s'en servit pour le baume de Fier-à-Bras. Dans les départements du Rhône et de la Saône-et-Loire, cette plante servait à asperger les morts.

21

Saint Mathieu
Si Mathieu pleure au lieu de rire,
Le vin en vinaigre vire.

22

Saint Maurice
Semis de Saint Maurice,
Récolte ton caprice.

Tradition

De la mi-septembre à la mi-octobre retentit au creux des grandes forêts le cri d'amour des grands cerfs : le brame, ces cris rauques, brefs ou prolongés des mâles qui se provoquent, ces longues complaintes de triomphe, qui retentissent au loin et se répondent et qui donnent le frisson.

Vie brutale et mystérieuse de la forêt avec ses combats dans la nuit où les bois s'entrechoquent et au petit jour la fuite furtive des biches inquiètes, oreilles dressées à l'écoute du grand cerf invisible.

23

Saint Constant
Automne en fleurs,
Hiver plein de rigueurs.

24

Saint Thècle
S'il tonne en Septembre à Noël la neige sera haute.

Personnage célèbre de nos terroirs

Gaston Couté

Il est né à Beaugency le 23 septembre 1880. Farouchement marginal et épris de liberté, il voulait être chansonnier et va s'épuiser dans une course folle des cabarets montmartois où il va chanter, avec son accent gouailleur, son mépris des conventions sociales. Mal préparé aux chausse-trapes et pièges de la vie noctambule de la capitale, celui qui lança un jour à un public qu'il jugeait un peu snob « Vous croyez que je vais dire mes poèmes devant cette bande de cons ? » meurt, seul, comme un gueux, à peine âgé de 31 ans le 28 juin 1911.

Tradition

Au début du 20ème siècle et avant les grandes guerres, des chasses grandioses étaient organisées sur les territoires de Sologne. Un grand nombre d'hommes d'affaires, de notables et de bourgeois étaient invités à ces mémorables journées. Certains arrivaient en Delage ou de Dion Bouton avec chauffeur. Un grand nombre d'autres prenaient le train. Véritable omnibus des chasseurs, la ligne de Sologne desservait directement les grandes propriétés, ce qui explique l'éloignement des gares des centres des villages. Quant au train du dimanche soir qui reliait Orléans à Paris-Orsay, il avait pris le nom de « train des chiens » car l'administration avait créé un service de wagonnets aménagés en chenil pour transporter les compagnons des chasseurs.

Charade de Sologne

Mon premier n'est pas à l'autre
Mon second donne à l'autre
Mon troisième conduit vers l'autre
Mon tout est un auteur d'école

25

Saint Firmin, Saint Hermann,
A la Saint Firmin,
L'hiver est en chemin.

26

Saint Côme, Saint Damien, Sainte Justine
En Septembre c'est l'après midi
Qu'on boit sur l'amie.

Recette de terroir

Potage Saint Hubert

1 oignon, 1 carotte, 1 tranche de lard maigre, 2 noix de beurre, 1 bouquet garni, poivre en grains, 1 verre de vin blanc sauvignon, reste de gibier et de volaille, bouillon, 1 verre de cognac.

Couper en dés l'oignon, la carotte, la tranche de lard.
Passer le tout au beurre, saler, poivrer, mouiller avec le verre de sauvignon.
Ajouter le bouquet garni, 1 litre de bouillon.
Cuire le tout avec les restes de gibier et de volaille pendant 1 heure.
Passer le tout au tamis fin et ajouter à ce consommé le verre de cognac.
Lier avec le beurre et verser dans une soupière sur de petits croûtons coupés en dés et frits au beurre.

27

Saint Vincent de Paul
Septembre est souvent,
Comme un court printemps.

28

Saint Wenceslas
Août mûrit, septembre vendange,
En ces deux mois, tout s'arrange.

Tradition

On le sait, la dinde est le plat traditionnel du repas de Noël avec le fois gras et le boudin blanc. Le dindon, notamment le noir de Sologne qui pèse de 8 à 12 kg, est considéré comme l'ancêtre des races françaises du dindon. Il fut importé d'Amérique centrale par les Espagnols vers la fin du 16ème siècle.

La petite histoire veut que le premier dindon dégusté en France fut servi aux noces de Charles IX en 1570.

Le Loiret, Le Loir-et-Cher et le Cher sont les départements où l'élevage du dindon s'intensifia à la fin du 19ème siècle. On pouvait voir des troupeaux de plusieurs centaines de sujets souvent gardés par des enfants et particulièrement des jeunes filles qui louaient leurs services au moment des foires.

29

Saint Michel
Quand les hirondelles voient Saint Michel,
L'hiver ne vient qu'à Noël.

30

Saint Jérôme
A la Saint Jérôme,
Hoche tes pommes.

	1	2	3	4	5	6	7	8	9	10	11
A											
B		■	■								
C											
D											
E		■	■		■	■			■		
F									■		
G						■		■			
H		■		■				■			
I							■				
J										■	
K		■								■	

Horizontalement :

A-les sœurs Tatin auraient pu l'être. **B**-écourtent. **C**-habitante entre la ville et les bois. **D**-accoutumerait. **E**-ordre de départ ; interjection. **F**-héros local ; bulletin officiel. **G**-confirmation (2 mots) ; cols cassés. **H**-les autres ; os. **I**-agité ; cours étranger. **J**-cataloguai. **K**-ici, c'est probablement de moutons.

Verticalement :

1-prépareraient le jardin pour les asperges. **2**-fleuve côtier ; interjection ; tableau. **3**-appréciations contradictoires ; sa vie a des avantages et des inconvénients. **4**-petit mot pour gibier ; début de relecture. **5**-bûcheronne ; gibier. **6**-narguer incomplètement ; souhait renversant. 7-écrivain de ce terroir (attention, il y en a un autre…); règle. **8**-perdît ; a son gave. **9**-début de catalogue ; se soumettre. **10**-comme les rigaudons sataniques des vouivres et fées autour des étangs de Sologne. **11**-amplificateur.

Octobre

Balance

23 septembre au 22 octobre

Le proverbe du mois
« C'est chose qui moult me déplait
Quand poule parle et coq se tait. »

C'est le mois des fruits, poires fondantes, raisins délicieux, pêches veloutées et c'est aussi le mois des vendanges.

Angers

1

Saint Rémy, Sainte Thérèse de l'enfant Jésus
A la Saint Rémy,
Cul assis.

2

Saint Léger, Notre Dame du saint Rosaire
Ne sème point au jour de Saint Léger,
Tu auras du blé léger.

La plante du mois

La pensée sauvage
Cette belle petite fleur tricolore est efficace contre la plupart des affections de la peau. L'infusion (10 g de fleurs par tasse d'eau bouillante) ou la décoction (5 g de fleurs sèches) agissent contre les croûtes de lait, l'eczéma variqueux et même l'acné du visage. Contre l'eczéma on ajoute de la sauge, de la bardane et de la mélisse à raison de 3 g de chacune de ces plantes par litre d'eau. Faire bouillir 15 mn, ajouter une pincée de bicarbonate de soude En prendre un verre le matin à jeun.

Histoire de poires

A Angers, boulevard du roi René, une ardoise gravée en lettres dorées marque l'emplacement de l'ancien jardin des comices horticoles du 19ème siècle. Dans ce jardin fut cultivée en 1849-50, la célèbre poire Doyenné du Comice par le jardinier Dhommé et par Millet de la Turtaudière, Président des comices horticoles. Pendant des années, M. de la Turtaudière étudia avec obstination la manière de produire cette délicieuse poire jaune teintée de rouge à la chair fondante, juteuse, sucrée et légèrement épicée.

Charade angevine

Mon premier indique la provenance
Mon second va
Mon troisième est ce que je dis pour exprimer
mon existence
Mon troisième inverse le sens
Mon tout est la fierté climatique de la région

3

Saint Gérard, Saint Denis, Saint Faustre
Octobre en bruine,
Hiver en ruine.

Personnage célèbre de nos terroirs

Alain Fournier
Henri Alban-Fournier est né le 3 Octobre 1886 à la Chapelle d'Anguillon dans le Cher. Il échoue au concours d'entrée à l'Ecole Normale Supérieure mais ses rencontres avec Marguerite Audoux, Charles Péguy et Claude Casimir Périer vont largement influencer le jeune écrivain qui va publier *Le Grand Meaulnes,* son premier et unique roman. Mobilisé le 3 août 1914, il est tué dans un accrochage avec les Allemands le 22 septembre 1914.

4

Saint François d'Assise
Sème le jour de Saint François,
Ton blé aura plus de poids.

Dans les vignes

Vendanges joyeuses
Tout le pays est en vendange. La population entière, hommes et femmes, est aux vignes depuis le matin jusqu'à la nuit. Le Dieu des vignerons leur dispense des journées splendides et des nuits radieuses. Le soleil luit partout. De légers brouillards, au matin, voguent dans le ciel comme des messagers aériens chargés de distribuer la chaleur, la lumière et les brises rafraîchissantes. La Vierge défait sa quenouille et éparpille ses fils argentés sur les prés, où paissent doucement des troupeaux de vaches brunes. L'air est d'une sonorité de cristal. On entend les gens se héler d'un coteau à l'autre.
Les rires et les plaisanteries éclatent derrière chaque cep aux feuilles rougissantes. Les vignobles flambent au soleil, tandis qu'une brume transparente veloute les sillons humides des terres labourées.
On part, les pieds dans la rosée, précédés de charrettes… Les vendangeuses, encore à demi ensommeillées, cheminent vers la vigne, escortées par le maître et le porteur de hottes. Pour les réveiller, un homme entonne un couplet de la chanson de vendanges, et bientôt toutes répètent en chœur le refrain très réaliste de ce chant, né d'un pays plus gouailleur que poétique :

« Aller en vendange,
Pour gagner dix sous,
Coucher sur la paille
Ramasser des poux….

André Theuriet

5

Saint Placide, Sainte Fleur
Pour la Saint Placide,
Le verger se vide.

6

Saint Bruno
Octobre glacé,
Fait vermine trépasser.

La bonne lune au jardin

Les Purins de plantes permettent une fertilisation naturelle ou un traitement de certaines maladies. Le plus connu est le purin d'ortie mais on peut utiliser aussi la prêle, la camomille, le souci ou le pissenlit. On peut également faire un mélange de plantes.
La fabrication du purin se fera en lune montante. Elle exige un récipient en bois ou en terre. Pour 10 litres d'eau il faut ajouter 1 kg de plantes hachées en morceaux. Laisser fermenter de 1 à 4 semaines en remuant régulièrement.
Pour l'utiliser, de préférence en lune descendante, filtrer et diluer de 10 à 20 fois selon les cas.

Personnage célèbre de nos terroirs

En 1900 dans un cabaret Montmartois, un certain Théodore Botrel interprète « *le mouchoir rouge de Cholet* ». Cette chanson va profondément marquer l'histoire industrielle de la ville désormais connue pour son étoffe écarlate sang et lin depuis qu'un génial industriel des Mauges, Léon Maret, va utiliser et immortaliser cette chanson en fabriquant le célèbre mouchoir tissé de rouge et de blanc.

Sans fumier, il n'y a point de bonnes terres ; avec du fumier il n'y en a pas de mauvaises.

Jacques Bujault

7

Saint Serge, Sainte Juliette

Jamais Octobre n'est passé,
Sans que le cidre soit brassé.

La bonne lune au jardin

Avec la lune vieille, il est temps de repiquer les salades semées en août ou septembre. Elles seront bonnes à consommer pour l'hiver.

Remède de grand-mère

« Pour guérir les brûlures, le guérisseur fait un rond et un signe de croix sur le rond et souffle trois fois en disant « Saint Lothaire, Saint Simon, Dieu, en passant par la ville a entendu un cri, Dieu c'est un enfant qui brûle, allez-y de votre vent, puis Dieu va et souffle trois fois et apaise les cris de l'enfant. »

8

Sainte Brigitte, Sainte Pélagie

En Octobre, qui ne fume rien,
Ne récolte rien.

Au jardin

Cousine de la pastèque et de la citrouille, la coloquinte, originaire d'Afrique du Nord, Iran, Egypte et Inde, est, aujourd'hui, cultivée pour ses formes et ses couleurs comme éléments de décoration. Toxique jusqu'à être mortelle, elle contient une pulpe que les médecins et apothicaires utilisaient, jadis, pour préparer des purgatifs.
Elles doivent être récoltées quand les feuilles commencent à jaunir, puis les laisser sécher 1 mois.

9

Saint Denis
Qui sème à la Saint Denis,
Comptera les semis.

Dans les vignes

Autrefois, au temps des vendanges quand deux vendangeurs qui coupent les raisins chacun de leur côté du rang de vigne arrivaient en même temps on disait « C'est comme le renard et les lumas ».
La légende dit que le renard qui est pourtant malin, avait parié avec le luma qu'il arriverait le premier au bout du rang. Ils partirent ensemble. Le renard au galop et très étonné, il vit au bout du rang le luma. Pour une fois le renard si rusé se fit avoir car il y avait un renard mais deux lumas, un à chaque bout du rang de vigne.

10

Saint Ghislain
Gelée en Octobre rend
le paysan sobre.

Recette de terroir

La gelée de pommes

Utiliser de préférence des reinettes. Couper les pommes en quartiers en enlevant le cœur et les pépins mais en conservant la pelure qui donne à la gelée une belle couleur.
Faire cuire à raison d'un verre d'eau pour 500 g de fruits. Ajouter un jus de citron pour 20 pommes. Les pommes sont cuites lorsqu'elles s'écrasent sous la pression du doigt. Les verser sur un tamis et les laisser s'égoutter pendant au moins 2 heures.
Ajouter au jus recueilli ¾ de son poids en sucre et faire bouillir pendant 20 mn.
Laisser refroidir et mettre en pots.

Charade angevine

Mon premier fait la roue
Mon second faisait des exploits
Mon troisième est d'un nigaud
Mon quatrième est en mouvement
Mon cinquième règne
Mon tout s'entortille en Anjou

11

Saint Firmin
Octobre en brumes,
Un mois à rhumes.

Tradition

Les Clochers tords
La légende dit « que le premier clocher à s'être tordu, était tellement fasciné par la course du soleil qu'il la voulut suivre malgré la fixité de son regard ». Une autre, plus terre à terre, dit que les charpentiers de l'époque avaient un peu trop abusé de rosé et de cabernet.
On peut admirer cette curiosité architecturale, chefs d'œuvre des compagnons charpentiers en Anjou et plus particulièrement dans le Baugeois : Pontigné, Vieil Baugé, Mouliherne. Le département du Loiret en compte un seul, celui de l'église de Puiseaux.

Le langage des fleurs

Le tournesol
« Orgueil, adoration »
Grande et belle plante originaire du Pérou et consacrée au soleil. Avant la conquête du Pérou par les Espagnols, les vierges sacrées qui desservaient le temple du Dieu s'en couronnaient les jours de cérémonie. Le nom vient du fait que la fleur du tournesol suit le soleil dans sa course.

12

Saint Séraphin, Saint Wilfrid
En Octobre tonnerre,
Vendanges prospères.

Tradition

La légende de Béhuard
Redouté des mariniers, combattu par Saint Maurille, évêque d'Angers, la légende du sinistre Béhu court toujours sur l'île de Béhuard. Au 15ème siècle, Louis XI fit bâtir l'actuelle chapelle pour honorer la Vierge. Chaque année, le 8 septembre, les pèlerins viennent prier autour du sanctuaire pour les mariniers, les automobilistes et les victimes de la route.

13

Saint Géraud, Saint Théophile
En Octobre il faut que l'homme s'habille,
Quand le mûrier se déshabille.

Au jardin

Planter l'ail et l'échalote en sol sain. Les vieux jardiniers disent que la récolte est meilleure que si on attend le printemps.

Au rucher

L'apiculteur continue de visiter et entretenir ses ruches qui doivent être bien orientées et protégées du froid à l'abri des vents d'est et nord.

Béhuart

14

Saint Just
Octobre le vaillant,
Surmène le paysan.

Recette de terroir

Dans la première moitié du 16ème siècle, les sœurs de la Fidélité notre Dame du Bon Conseil, bénédictines d'Angers, entreprirent la fabrication d'une boisson appelée à une renommée internationale.
Le Guignolet est une liqueur à base de plusieurs espèces de cerises, griottes sauvages acides, merises et petites guignes moins aigres que l'on laisse macérer dans de l'eau-de-vie. On y ajoute les noyaux pilés. On filtre le tout et il ne reste plus qu'à ajouter du sucre. L'amertume unique de cette liqueur en fait une des spécialités les plus connues de l'Anjou.

Le temps qu'il a fait

Le 14 octobre 1960 après plusieurs mois très pluvieux, les cours d'eau sortent de leur lit dans le centre de la France et le 25 octobre 1949 le thermomètre atteint encore 29° à Biarritz tandis qu'une tempête frappe le Finistère.

15

Sainte Thérèse d'Avila
Récoltes rentrées
Récoltes assurées.

Tradition

L'or bleu de Trélazé

Fierté ancrée dans la mémoire collective de toute une région, l'extraction d'ardoise, prospère depuis plusieurs siècles, a commencé son déclin après la seconde guerre mondiale. En 1743 les salaires de 1 800 ouvriers font vivre plus de 6 000 personnes. Le maximum de la production sera atteint en 1905 avec 175 000 tonnes.
Ce sont les Bretons qui, poussés par la pression démographique et attirés par les promesses de salaires, vont constituer la majeure partie de la main d'œuvre, puis vinrent les Espagnols à partir de la première guerre mondiale.
Dès 1960, l'ardoise de Trélazé subit l'arrivée massive de l'ardoise espagnole moins chère, puis après les plans sociaux des années 80, les ardoisières vont retrouver une certaine prospérité qui repose sur un marché historique. 250 salariés produisent actuellement 17 000 tonnes.

Au jardin

Les carottes, navets, céleris, betteraves, sont rentrés en cave à l'abri du gel et enfouis dans un mélange de sable et de tourbe. Ces légumes pourront être consommés pendant tout l'hiver.

16

Sainte Edwige, Saint Gall
Coupe ton chou à la Saint Gall,
En hiver c'est un régal.

Dans les vignes

Au moment des vendanges, si on trouve beaucoup de bourcettes (mâches), c'est le présage d'une bonne récolte de vin l'année suivante.

Le langage des fleurs

La pivoine

« Honte »

La nymphe Péone, ayant porté atteinte à la pudeur, fut changée en pivoine. Elle a conservé la couleur que la honte avait inscrite sur son front.
Elle n'aime pas être déplacée et peut se mettre à bouder mais elle finit toujours par pardonner.

17

Saint Baudoin
Tant que l'acacia verdit,
l'automne n'entre pas.

Recette de terroir

Pois mange-tout à la crème

500 g de pois mange-tout, 80 g de beurre, sel, poivre, 2 à 3 cuillerées de crème fraîche épaisse.

Eplucher les pois en enlevant les barbillons et bien les laver,
Les jeter dans l'eau bouillante peu salée et les faire cuire 20 à 25 mn
Bien les égoutter,
Mettre dans une casserole 80 g de beurre frais,
Sans attendre qu'il soit fondu, verser les pois égouttés et ajouter un peu de sel,
Retirer sur le coin du feu la casserole et mettre la crème fraîche,
Bien mélanger et verser dans un légumier chaud.

18

Saint Luc
A la Saint Luc, sème dru,
Ou ne sème plus.

Recette de terroir

Le crémet d'Anjou

200 g de crème fraîche fouettée, 500 g de crème fraîche non battue, 4 blancs d'œufs, 200 g de sucre.

Battre la crème fraîche et les blancs d'œufs en neige. Mélanger délicatement à l'aide du fouet.
Verser la mousse obtenue de consistance ferme dans des moules et mettre au frais.
Pour servir, démouler napper de crème fraîche non battue et saupoudrer de sucre vanillé.

Le crémet est né du hasard et du talent d'une jeune cuisinière des Aubiers dans les Deux-Sèvres, Marie Rénéaume, un soir de 1890 où elle se trouvait en panne de dessert. En 1901, elle rachète avec son mari la crèmerie David, à Angers, et pratique sa recette à grande échelle. Elle en garde jalousement le secret de fabrication et Curnonsky, le prince des gastronomes, n'hésitera pas à écrire que « *le crémet est un régal des dieux* ». En 1923 Marie se retire des affaires et la vente de ce délicat produit artisanal cesse.

19

Saint René
Oignons à trois pelures,
Signe de froidure.

Remède de grand-mère

Les bienfaits du sureau

Dans les fermes où il y avait des femmes enceintes, on préparait un jus avec des fruits du sureau en ajoutant un verre d'eau-de-vie par litre. Cette préparation servait à sauver les nourrissons du "Croup". Une cuillerée donnée à un enfant qui s'étouffait provoquait un effet vomitif suffisant pour briser la membrane produite par le croup.

Les fleurs en infusion font chuter la fièvre et provoquent la transpiration. Ramassées au printemps et mises à macérer dans l'eau-de-vie, elles fournissent une liqueur au léger goût de muscat. Après un mois de macération, on peut la mélanger dans la proportion d'un verre pour un litre de bon vin blanc.

Les baies, utilisées en teinture, sont toxiques crues, son bois sert à faire des instruments à vent et des sifflets.

20

Sainte Adeline, Sainte Aurélie
Vent d'Octobre est la mort des feuilles.

Dans les vignes

Fini, oublié le mal au dos, les hottes à transporter : c'est le « Berlot », autrement dit la fin des vendanges. Les vendangeurs offrent aux maîtres un beau bouquet de fleurs ; accroché au-dessus de la porte d'entrée de la cave, il doit y rester jusqu'aux vendanges suivantes. Le soir, les maîtres préparent un bon repas, bonnes bouteilles, violons, accordéons sortent de derrière les tonneaux, on chante, on danse. Tradition ancienne, elle se perpétue encore aujourd'hui dans quelques propriétés du val de Loire.

21

Sainte Céline, Sainte Ursule,
Au jour de Sainte Ursule,
L'été d'un mois recule.

Tradition

Origine des vins « mousseux » de Saumur

C'est à Saumur que prit naissance cette industrie vers l'année 1830 ; M. Ackerman présenta, en 1834, à une exposition organisée sous les auspices de la Société Industrielle d'Angers, quelques modestes échantillons de vins « champagnisés » comme on disait alors ; ce furent les premiers d'une industrie dont on ne soupçonnait pas alors la future importance.

D'après le Dr Maisonneuve

22

Sainte Salomé, Saint Vallier
A Saint Vallier,
Le bois est au bûcher.

Remède de grand-mère

Cicatrisation

Le baume de suc de vigne se recueille quand on taille la vigne. On le conserve dans un flacon que l'on ferme hermétiquement et que l'on expose une année au soleil. Les anciens le considèrent comme un merveilleux cicatrisant.

23

Saint Jean de Capistran
Octobre ensoleillé,
Décembre emmitouflé.

RECETTE DE TERROIR

POULARDE ANGEVINE
1 poule, 2 à 3 oignons, 2 verres de vin blanc sec, 1 œuf, 20 à 30 cl de crème fraîche 250 à 300 g de champignons de couche, citron, sel, poivre.
Couper la poule en morceaux et les faire dorer au beurre dans une cocotte.
Ajouter les oignons finement coupés, les champignons, le vin blanc, sel, poivre.
En fonction du poids de la poule cuire 1 à 2 heures.
Lier la sauce avec la crème fraîche et le jaune d'œuf.
Servir accompagné avec des pommes de terre ou du riz.

24

Saint Florentin, Saint Rénobert
A Saint Rénobert,
Mets tes choux par terre.

Loire, le chemin qui marche.

Jamais la région de Loire ne fut plus brillante que pendant les huit siècles qui s'écoulent depuis l'avènement des Capétiens sur le trône jusqu'à l'époque de la Révolution.
Cette période brillante coïncide avec l'apogée du commerce de la Loire. Les collèges de Nautes (1) qui existaient depuis l'antiquité sur le fleuve, avaient senti la nécessité de s'unir pour mieux soutenir leurs intérêts ; ils avaient fondé au 13ème siècle, la Communauté des Marchands fréquentant la rivière de Loire, dont la prospérité dura plusieurs siècles.
Des convois nombreux sillonnèrent alors le fleuve. Par la Loire descendaient les vins de Bourgogne, d'Auvergne, d'Orléans, de Beaugency, de Touraine et d'Anjou, les bois et les pierres à bâtir du Massif Central, les charbons du Forez, les fers du Nivernais et du Bourbonnais, les laines du Berry, les blés de la Beauce, les étoffes de soie, d'or et d'argent, dont Tours, particulièrement, était devenu un centre important de fabrication. En sens contraire, arrivaient les sels de l'Océan, les poissons secs, les pierres de taille et les ardoises de l'Anjou, les savons, les cuirs et les laines d'Espagne. Plus tard, à la fin du XVII ème siècle, c'est également par la Loire qu'arrivèrent les sucres des Antilles qui, débarqués à Nantes, étaient ensuite conduits par le fleuve jusqu'aux grandes raffineries d'Orléans.

Gallouédec

(1) *Nautes : associations de bateliers.*

25

Saint Crépin
A Saint Crépin,
les mouches voient leur fin.

Le jeu de boules de fort.

Jeu typique de l'Anjou, du Maine et Loire en particulier et de quelques départements limitrophes. Ce jeu, à l'origine controversée , remonte au 17 ème siècle. « La boule cerclée de fer, mi-plate, et possédant un côté «*faible*» légèrement évidé et un côté «*fort*» - d'où le nom du jeu - est roulée (et non point jetée à tour de bras) sur un jeu de sable soigneusement damé, long d'environ vingt mètres et large de six à sept, terminé au deux bouts par des planches posées sur champ ; les bords relevés selon un gabarit dont seuls quelques maîtres constructeurs ont le secret parfait, remplissent un office analogue à celui des bandes de billard, le joueur usant d'une adresse qui va jusqu'à la virtuosité pour combiner, en vue d'atteindre au «*maître*» (petite boule ronde qui sert de but), l'équilibre instable de sa boule et la vitesse de son élan avec les pentes de ces côtés, en des courbes savantes et souvent multipliées d'un bord à l'autre du jeu. »

Marc Leclerc.

Quel temps pour demain ?

La chatte tourne le dos au feu : signe de froid.

CHARADE ANGEVINE

Mon premier compte jusqu'à sept
Mon second présente le revers
Mon troisième gagne à la bataille
Mon tout symbolise la fierté de Trélazé

26

Saint Dimitri, Saint Hilaire
Soleil à Saint Hilaire,
Rentre ton bois pour l'hiver.

27

Sainte Emeline, Saint Frumence
Etoiles plus grosses en abondance,
Changement de temps prévu à l'avance.

28

Saint Simon
Quand on voit les mouches à Saint Simon,
Les fermiers peuvent chanter une chanson.

29

Saint Narcisse, Sainte Ermelinde
Soleil qui se couche roux
Le lendemain se montre beau.

30

Sainte Bienvenue, Saint Marcel
Celui qui veut ensemencer avant la Toussaint peut commencer.

31

Saint Quentin
Mauvaise veille de Toussaint
Ne présage rien de bien.

	1	2	3	4	5	6	7	8	9	10	11
A											
B											
C											
D											
E											
F											
G											
H											
I											
J											
K											

Horizontalement :

A-abbaye angevine. **B**-période ; pour la peau chez Balzac. **C**-chargera comme il faut sa gabarre. **D**-en tête. **E**-dangereux sur la Loire. **F**-arrivée en permission ; connue pour sa sonnerie. **G**-pourrait-on le dire de Rabelais ? **H**-nigaud ; île ; précède la matière. **I**-se boit en Anjou. **J**-se donne à soi-même ; éditée. **K**-devine.

Verticalement :

1-birette de la Loire ; chenal de Loire ; dans un précepte. **2**-bout de cétacé ; faire la java. **3**-crise de nerfs. **4**-en suer ; sont inexorables. **5**-simplifiâmes. **6**-bout de vacherin ; pour le saut. **7**-truculent comme en Anjou. **8**-acceptais ; se dit de certaine heure. **9**-coin de devanture ; bout d'Allemagne ; refuse. **10**-directeur ; chics. **11**-éclos ; familier ; précède la matière.

Novembre

Scorpion
23 octobre au 22 novembre

Le proverbe du mois
« Si l'hiver est froid et rigoureux
Ton ventre à la table, ton dos au feu. »

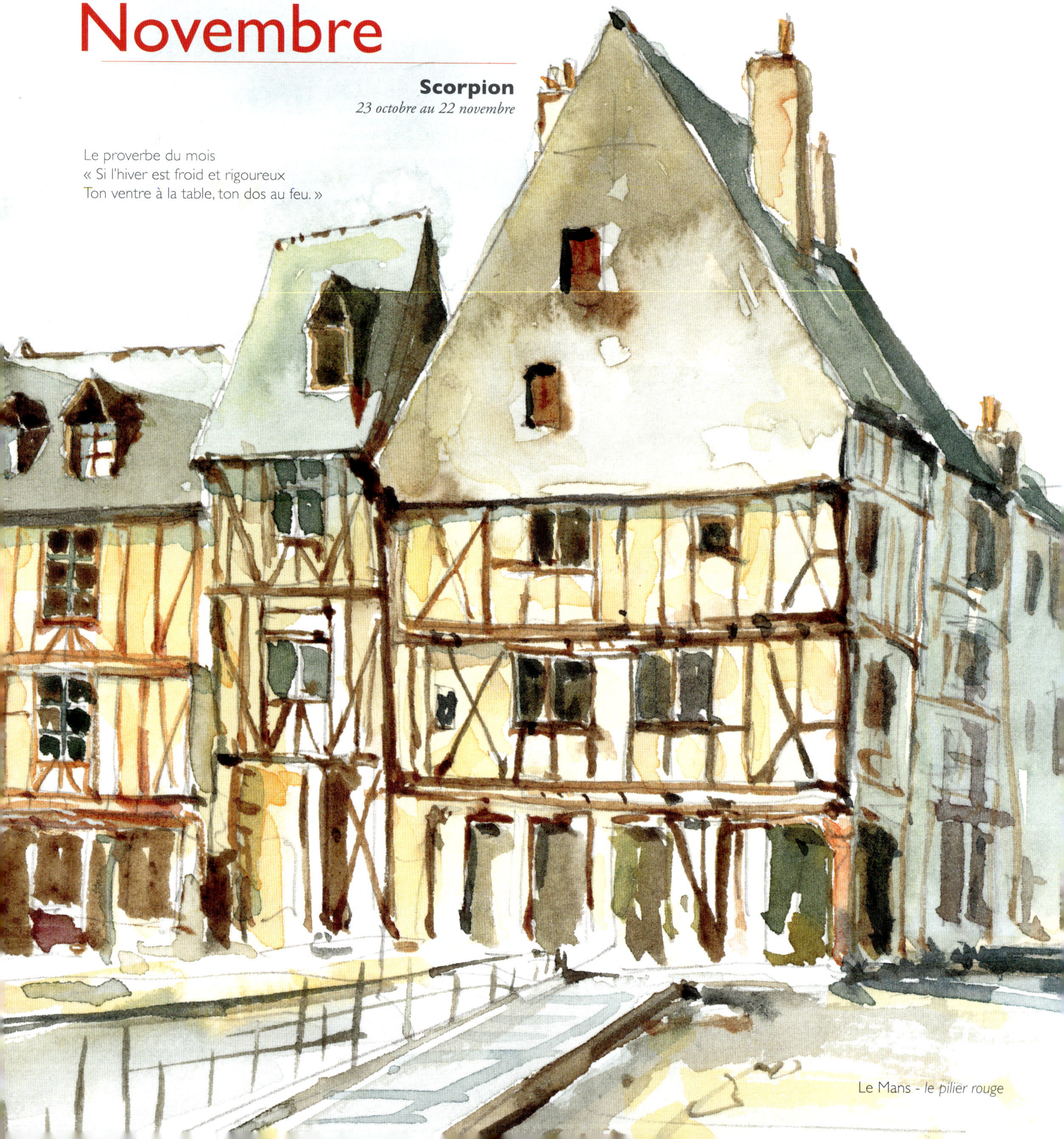

Le Mans - *le pilier rouge*

1

Toussaint, Saint Mathurin
A la Toussaint
Commence l'été de la Saint Martin.

2

Jour des Morts
Telle Toussaint, tel Noël
Et Pâques pareil.

Tradition

« Voici la Toussaint
Le temps des veillées
Où tous les amants
Vont à la soirée ».

Chantaient les gars et les filles, du temps que les veillées avaient encore cours.
Mais attention, il n'aurait pas été question de prétendre s'y rendre avant le 3 sonné. La Toussaint est le jour des morts, interdisant toute réjouissance et jusqu'à certains travaux, remuer la terre, entreprendre la lessive (de peur de laver, sans le savoir, le linceul d'un membre de la famille). Les laboureurs ne devaient pas atteler, ni leurs bêtes pâturer. Quant aux pêcheurs, s'ils venaient à sortir en mer ce jour là, ils étaient assurés d'en revenir escortés d'un double qui ne les quitterait plus d'un pas jusqu'au jour de leur mort.

« Novembre est le mois des morts
Si tu ne veux pas mourir encore
Habille-toi plus fort ».

La plante du mois

Le Genièvre
Diurétique puissant, tonique, désinfectant et anciennement connu, il faut en user avec parcimonie et prudence. Ce remède était efficace pour les vieux prostatiques et dans les cas de gravelle des vieillards. Les baies sont récoltées en automne quand elles sont noires et bien mûres.
La préparation consiste à faire infuser 8 à 10 baies (ne pas dépasser 30 à 40 g par litre d'eau) qui auront séché à l'air dans une tasse d'eau bouillante, On sucre avec du miel. A boire le matin à jeun. Ne pas prolonger la cure au-delà de 15 jours quitte à recommencer après une pause d'égale durée.

3

Saint Hubert,
A la Saint Hubert
Les oies sauvages fuient l'hiver.

4

Saint Charles Borromée
A Saint Charles,
La gelée parle.

Tradition

Fête traditionnelle, le jour de Saint Hubert, les curés des villages célèbrent une messe. Chiens et chasseurs sont bénis, les trompes résonnent dans le chœur des églises.
La tradition voulait que le Roi offre ce jour là des étrennes à ses veneurs. En échange, ceux-ci lui offraient une brioche.
Hubert, fils de Bertrand, duc d'Aquitaine et arrière petit fils de Clovis était, en 683, un seigneur célèbre qui jouissait d'une renommée flatteuse. Une seule et irrésistible passion l'animait : la chasse. Chaque jour, il parcourait les forêts profondes à la poursuite de sangliers, de loups et du cerf dont il savait que, pour les chrétiens, il devait sa noblesse d'être l'animal privilégié de notre seigneur Jésus Christ. Un jour d'hiver, Hubert partit à cheval dès l'aube dans le brouillard, le froid et le givre.
Comme il commençait à chasser, un grand cerf dix cors, entièrement blanc, bondit d'un fourré.
Une poursuite s'engagea. Au bout de quelques heures, le cerf ne montrait aucune fatigue, alors qu'Hubert était épuisé.
Soudain, le cerf s'arrêta net. Dans un grand éclat de lumière, Hubert vit entre les bois du cerf l'image du Christ crucifié et il entendit une voix lui dire : « Hubert, jusqu'à quand poursuivras-tu les bêtes dans les forêts ? Vas près de l'évêque, fais pénitence de tes péchés, ainsi qu'il te sera enseigné, voilà ce à quoi tu dois te résoudre pour n'être point damné dans l'éternité.»
Abandonnant palais et richesses, Hubert se retira à Andage dans les Ardennes et fit œuvre de charité.
Il mourut en 727 à l'âge de 57 ans. Son décès fut un deuil universel et l'on raconte que les chasseurs parcoururent les forêts pendant plusieurs mois sans trouver le moindre gibier. C'est alors qu'un prêtre oubliant la promesse faite à Saint Hubert tua un sanglier un 3 novembre. Ce sanglier, comme protégé par une force surnaturelle, se releva en évitant flèches et épieux. C'est depuis cette époque que le 3 novembre on fête Saint Hubert.

5

Sainte Sylvie
L'été de la Saint Martin,
Dure trois jours et un brin.

La bonne lune au jardin

Eviter d'enfouir le fumier en lune montante, de vieux jardiniers ont constaté qu'il ne se décompose pas suffisamment pendant l'hiver.

Au rucher

Le tour du monde pour 1 kg de miel.
L'abeille doit visiter 150 fleurs pour faire le plein de 2 cg de nectar et 750 pour 1 g de miel. Il lui faut 25 mn pour remplir son jabot et visiter les 150 fleurs et 5 mn pour se débarrasser de son nectar puis repartir et cela 25 à 30 fois par jour. Elle va voler 20 km pour 50 cg de miel et le tour du monde pour 1 kg.

6

Sainte Bertille, Saint Léonard
Pie dans la ferme
Neige à court terme.

Au jardin

Le potiron dont le poids varie de 3 à 40 kg est à maturité vers la Toussaint. Il craint les gelées. Le mieux est de le conserver dans une cave ou un cellier à l'abri du froid. On pourra le consommer jusqu'en février en soupes, confitures et tartes.

Personnage célèbre de nos terroirs

Louis Rustin
C'est en 1922 que Louis Rustin dépose le brevet de cette petite rondelle, la rustine, entrée dans le langage populaire. Ses usines installées à La Charte-sur-le-Loir produiront jusqu'à 28 millions de pièces par jour.

Charade du Maine

Mon premier indique la pousse
Mon second indique l'atout choisi
Mon troisième indique l'affrontement
Mon quatrième indique le mérite
Mon tout est une suite de tours

7

Sainte Carine, Saint Ernest
Vent de Toussaint,
Terreur de marin.

Dans les vignes

Au même titre que le ban des vendanges fixe la date de début de la récolte, autrefois le maire fixait également une date butoir pour la fin des vendanges. S'ouvrait alors « le droit d'albot ». Alboteurs et alboteuses vont passer et ramasser, en tout liberté, soigneusement et suivant ce « droit régional » fort ancien, les raisins délaissés comme grappillards ou bien oubliés dans les vignes vendangées. Alboter a le même sens que glaner.
Mais il y a aussi les voleurs de raisins, ceux qui font plus que d'alboter en prenant dans les vignes non vendangées Ce sont les faiseurs de « vin de lune ».

8

Saint Geoffroy, Saint Godefroy
Quand l'eau gèle à Saint Martin,
L'hiver s'agenouille en chemin.

La bonne lune dans la cave

Soutirer de préférence en lune montante et croissante pour ne plus stopper l'activité du vin.
La mise en bouteille se fera de préférence le matin quand l'humidité de l'air est favorable au vin, de préférence en lune décroissante et en évitant les jours d'orage, de froid, de floraison de la vigne.

Truc et astuce

Pour éliminer la rouille sur les couteaux en acier inoxydable, faire aller et venir plusieurs fois la lame dans un oignon ou dans une pomme de terre crue.

Charade

Mon premier naît de la nécessité
Mon second bat de l'aileron
Ma troisième est germaine
Ma quatrième occupe des soirées d'Arte
Ma cinquième s'occupe de ce qui reste
Mon tout forme la Maine

9

Saint Mathurin, Saint Raymond

Si l'hiver va son chemin,
Il commence à la Saint Martin

Personnage de nos terroirs

Emile Tessier né à Malicorne en 1887, fils d'un potier, fonde ses propres ateliers à Malicorne en 1924 qui deviendront, plus tard, les Faïenceries d'Art de Malicorne. Il développe le travail de l'*ajouré* qui donne un nouvel élan aux faïenceries.

Tradition

A l'approche de la Saint Martin, il faut penser à ensiler les endives pour l'hiver.

Quel temps pour demain ?

La couleur de l'os du bréchet de l'oie de saint Martin que l'on dégustait le 11 novembre prédisait le temps qu'il ferait les mois à venir : rouge, grands froids, blanc, hiver doux.

10

Saint Léon, Saint André

Brumes d'Octobre, pluie de Novembre,
Font ensemble bon Décembre.

Recette de terroir

Ragoût de mouton à la Mamertine

Pour 4 personnes : 1 kg de viande d'épaule de mouton désossée, 700 g de pommes de terre, 2 pommes reinette, 50 cl de bouillon, 1 verre de cidre, 100 g de lard de poitrine, 2 oignons, 3 gousses d'ail, 20 g de farine, 70 g de beurre, 1 bouquet garni, 2 cuillerées de persil haché, sel et poivre,

Couper la viande en morceaux réguliers, assez gros, et le lard en petits dés. Hacher grossièrement les oignons et l'ail, éplucher les reinettes et les couper en dés. Dans une cocotte, saisir au beurre les morceaux de mouton, Ajouter les petits dés de lard, les oignons et l'ail hachés, les reinettes coupées. Remuer l'ensemble à la cuillère en bois sur feu moyen, jusqu'à ce que les oignons deviennent transparents. Saupoudrer avec la farine, laisser colorer, mouiller avec le verre de cidre, puis avec le bouillon chaud. Ajouter le bouquet garni, saler et poivrer. Faire cuire à feu vif pendant 30 mn, en ayant soin que l'ensemble soit couvert par le liquide. Mettre les pommes de terre, pelées et coupées en quatre, et laisser cuire encore pendant 30 mn. Faire réduire légèrement la sauce avant la fin de la cuisson, saupoudrer de persil puis servir chaud.

11

Saint Martin
Pour la Saint Martin,
Le moût est vin.

12

Saint Christian,
En Novembre s'il a tonné,
L'hiver est avalé.

Saint Martin est le patron des coupeurs d'habits. Il est prié pour la guérison du carreau, des fièvres et des maladies intestinales. On l'invoque contre le mal des Ardents, les pustules et le feu de Saint Martin.
« Tomber du mal de Saint Martin » se dit des gens qui, ayant trop bien « martiné » les vins, sont terrassés par l'ivrognerie.
Il est prié aussi pour les animaux domestiques et spécialement pour les ânes et les chevaux.

Tradition

Le 11 novembre, jour de la fête de Saint Martin qui planta la vigne sur les coteaux de Loire, les vieux vignerons « martinent » leur vin de l'année. Le vin jaillit en mince filet, emplit les gobelets, on hume lentement, on goûte et ainsi le vin nouveau est « martiné », c'est à dire jugé.

Le langage des fleurs

Le souci

« Chagrin, inquiétude »

Comme le tournesol, la fleur suit la course du soleil. Il symbolise le chagrin, et l'inquiétude sans doute parce que les fleurs pleurent, chaque soir, le départ du soleil en refermant leurs pétales. Le chagrin était représenté par un jeune homme portant une couronne de soucis.

Tradition

A l'opposé de la période des Saints de glace, une période de quelques jours vers le 11 novembre apporte un redoux plus ou moins marqué selon les années. C'est l'été de la Saint Martin. La légende est née alors que l'on ramenait le corps du thaumaturge de Candes à Tours sur un bateau de Loire. Sur son passage des arbres se mirent à fleurir et les oiseaux à chanter.

13

Saint Brice
Le bon semer est quinze jours avant Toussaint
et quinze jours après.

Personnage célèbre de nos terroirs

Antoine de Saint-Exupéry, romancier connu de toutes les générations par *Le Petit Prince,* a passé une partie de son enfance au Mans entre la maison familiale de la rue du Clos-Margot et le collège Sainte-Croix.

14

Saint Sidoine, Sainte Philomène
L'hiver n'est pas bâtard,
S'il ne vient tôt, il vient tard.

Recette de terroir

Les sablés de Sablé/Sarthe

Est ce le petit gâteau qui a donné son nom à la ville, ou la ville au petit gâteau ? Peu importe, car il s'agit là d'une vraie spécialité sarthoise qui a fait la réputation des pâtissiers de cette petite ville des bords de la Sarthe.

Pour 24 gâteaux : 180 g de farine, 100 g de beurre, 2 jaunes d'œufs, 1/2 tasse de lait, 50 g de sucre en poudre, 1 pincée de sel.

Mélanger la farine, le sucre, le sel, incorporer les jaunes d'œufs pétrir l'ensemble en ajoutant le beurre un peu mou. « Sabler » la pâte. Verser un peu de lait et la pétrir longuement à la main,

Laisser reposer une nuit. Le lendemain, la sortir 1 h avant de la travailler, l'aplatir sur une planche farinée au rouleau jusqu'à une épaisseur de 5 mm. Découper des bandes de 6 cm de large et couper ces bandes en triangles. Placer les triangles sur une plaque légèrement farinée.

Enduire chaque morceau avec un jaune d'œuf battu dans un peu de lait. Mettre au four chaud (240°) pendant 10 à 12 mn, retirer les sablés lorsqu'ils sont dorés et laisser refroidir.

15

Saint Albert, Sainte Eugénie
Tonnerre en Novembre fait prospérer le blé,
Et remplit le grenier.

Quel temps pour demain ?

Le gland, fruit du chêne, tombe en novembre. Son observation pouvait donner des indications pour les mois à venir. Si on trouvait après la Saint Martin un ver dans le gland, il y aurait abondance. Une araignée annonçait la mort. Une très forte glandée prédisait de fortes chutes de neige avant Noël et des gelées par la suite.

16

Sainte Marguerite, Saint Eucher
En Novembre il faut semer,
Quand le décours est arrivé.

Saint guérisseur

Dans la Vienne Saint Bartholomé soigne la colique des enfants tout comme Saint Brice.

17

Saint Agnan
En Novembre, s'il tonne
L'année sera bonne.

18

Sainte Aude, Saint Romain
Si le rouge-gorge chante sur l'épine,
Le beau temps est en ruine.

Recette de terroir

Marmite Sarthoise

Pour 4 personnes : 700 g de blanc de poulet de Loué et 120 g de derrière de lapin désossé, 140 g de champignons crus préparés, 100 g de jambon, 1/4 l de vin blanc sec de Jasnières, 1/4 l de fond de veau, 2 dl de crème, huile d'arachide et de noix, sel, poivre, 500 g de choux et 200 g de carottes

Couper le poulet et le lapin en filets, le jambon et les champignons en bâtonnets, le chou en lanières et les carottes en julienne. Saler direct ement sur les légumes, les cuire à la vapeur 10mn. Fariner les filets de poulet et de lapin et les faire revenir dans une casserole avec l'huile de noix. Ajouter les champignons et le jambon. Sauter 2 à 3 fois et garder au chaud sur le côté. Déglacer avec le Jasnières, réduire de 3/4 ; ajouter le fond de veau puis la crème, faire bouillir une minute, saler et poivrer. Remettre la garniture dans le sautoir et servir chaud avec les légumes

19

Sainte Elisabeth
Sainte Elisabeth nous montre quel bonhomme sera l'hiver.

Le langage des fleurs

Le roseau plumeux
« Indiscrétion »
Le satyre Marsias osa un jour défier Apollon à qui chanterait le mieux. Ils choisirent pour juge Midas, homme de mauvais goût qui accorda le prix à Marsias. Le dieu de la poésie, outré d'un tel jugement, fit pousser à Midas des oreilles d'âne. Son barbier s'en aperçut mais ne pouvant tenir sa langue creusa un trou dans la terre, y colla sa bouche et cria « Midas a des oreilles d'âne » puis reboucha le trou. Apollon fit pousser à cet endroit des roseaux et chaque fois que le vent se jouait dans le feuillage, ils faisaient entendre ces mots « le roi Midas a des oreilles d'âne» et c'est ainsi que tout le pays l'a su.

L'abeille laborieuse n'a pas le temps d'être triste.

W. Blacke

20

Saint Edmond
Pour avoir bonne aillée,
Il faut que la Toussaint la trouve levée.

Au jardin

« Touche pas à mon lombric».
Savez-vous que les lombrics (vers de terre) peuvent remuer jusqu'à une demi-tonne de terre par an ? Précieux auxiliaires du jardinier, leurs galeries qui peuvent aller parfois jusqu'à un mètre de profondeur contribuent ainsi à l'aération et à l'humidification de la terre. Leurs déjections contiennent 7 fois plus d'azote, 3 fois plus de potasse et 5 fois plus de magnésium que toutes les meilleures terres de jardin. L'humus ainsi fabriqué reste stable. Il attire et retient les matières nutritives.

21

Présentation de la Vierge
Si les fourmis font de gros tas,
Un dur hiver viendra.

22

Sainte Cécile
Pour Sainte Cécile,
Chaque haricot en fait mille.

	1	2	3	4	5	6	7	8	9	10	11
A										■	
B					■						
C											■
D		■				■				■	
E			■		■						
F		■								■	
G						■			■		
H			■		■		■	■			
I											
J		■									
K											

Horizontalement :

A-spécialités culinaires mancelles. **B**-sentiment au départ des 24 heures ; qui passe. **C**-comme la collection du zoo de La Flèche. **D**-avec les jeux ; entête de lettre. **E**-connu ; se dresse. **F**-affluent de la Maine. **G**-demeura ; pour tirer droit ; saint. **H**-champion ; sentit. **I**-comme le choix du nom de la Sarthe ou de la Mayenne. **J**-français fermé au patois manceau. **K**-connu à la lettre.

Verticalement :

1-peut se faire au Mans. **2**-adversaire phonétique et renversé ; roi. **3**-affluent de la Maine ; manuscrit ; suite sans fin. **4**-normalement non envisagées sur le circuit du Mans. **5**-suffisant (phon.) ; morceau de yard ; où trouver la Maine, naturellement. **6**-à flot, mais en plus instable ; pronom ; ne court pas sur le circuit. **7**-chantent en se décalant, comme les ardoises d'un toit ; graisse liquide, ailleurs. **8**-méditerranéenne ; finalement honni. **9**-affluent de la Maine ; traitement d'auteur. **10**-pronom ; en nage. **11**-6 faces ; à La Flèche.

23

Saint Clément
Quand l'hiver vient doucement,
Il est là à la Saint Clément.

Remède de grand-mère

Contre l'angoisse et la dépression, infuser 10mn 1 cuillère à café de fleurs d'aubépine avec un pruneau par tasse d'eau bouillante.

Charade du Maine

Mon premier s'enseigne et se donne
Mon second est porté par les voix
Mon troisième partage
Mon quatrième est chanté par un matou
Mon cinquième se dit à l'aube
Mon tout est la fierté du Lude

24

Sainte Flora
Passé Saint Clément,
Ne sème plus le froment.

La bonne lune aux champs

On sème l'orge et l'avoine de printemps en vieille lune. En lune nouvelle, on ne récolte que de la paille.

Remède de grand-mère

La décoction de feuilles de noyer à la dose de 50 g par litre d'eau s'emploie contre les engelures et en compresses contre l'inflammation des paupières, l'orgelet et les ampoules, en lotion contre les ulcères. Elle est utile en rinçage pour l'entretien de la chevelure qu'elle rend luisante et souple. On assure que l'écorce écrasée de jeunes rameaux de noyer appliquée sur des cors et durillons les fait disparaître et que prendre chaque soir pour toute nourriture une salade de pommes de terre avec au moins 60 g d'huile de noix chasse le ver solitaire.

25

Sainte Catherine
A la Sainte Catherine,
Pour tout l'hiver fais ta farine.

Tradition

Sainte Catherine est la patronne des charrons, meuniers, tanneurs et des jeunes filles de 25 ans qui n'ont pas encore trouvé de maris. Elles coiffent ce jour-là le chapeau des catherinettes, offrent à boire, organisent des bals, des soirées, des défilés, des concours d'élégance et d'originalité des chapeaux.

Le langage des fleurs

Le lierre

« Fidélité, attachement »
Il a besoin d'un support pour grandir, rien ne peut plus l'en séparer et il meurt là où il s'attache.

26

Sainte Delphine
A Sainte Catherine, tout bois prend racine.

Personnage de nos terroirs

En 1804, Julie Bouchaud des Hérettes épouse à Saint-Paterne-Racan au nord de Tours le physicien Charles. Elle est plus connue sous le nom d'Elvire, pour sa liaison avec le poète Lamartine à qui elle inspira les célèbres strophes du poème « le Lac ».

Tradition

Le Chausson aux Pommes de Saint-Calais
La tradition populaire le rattache à une épidémie dont auraient été victimes les Calaisiens en 1630. La légende raconte qu'elle aurait été vaincue par les prières des riches Calaisiens réfugiés hors de la ville et par l'énorme « pâté aux pommes » confectionné par la châtelaine de Saint-Calais pour nourrir les pauvres et nécessiteux, victimes de l'épidémie et contraints de rester en ville pour éviter de propager la terrible maladie. Depuis plus de trois siècles, chaque premier dimanche de septembre, les chevaliers de la Confrérie du Chausson aux Pommes invitent la population à venir déguster, la « soupe à la jambe de bouâ » composée de jarrets de bœuf, de veau et de porc, cuits avec de la dinde dans un bouillon avec navets, poireaux, céleris et carottes.

27

Saint Séverin, Saint Maxime
Un mois avant, un mois après Noël,
Le froid est bon et naturel.

28

Saint Jacques, Saint Hilaire
Neige à Saint Hilaire,
Apporte le froid pour l'hiver.

Semailles

Jean ce matin-là, un semoir de toile bleue nouée autour du ventre, en tenait la poche ouverte de la main gauche, et de la main droite, tous les trois pas, il y prenait une poignée de blé, que d'un geste, à la volée, il jetait…
Seul, en avant il marchait, l'air grandi ; et derrière pour enfouir le grain, une herse roulait lentement, attelée de deux chevaux, qu'un charretier poussait à longs coups de fouets réguliers, claquant au-dessus de leurs oreilles.
Arrivé au bout du sillon, il leva les yeux, regarda sans voir, en soufflant une minute.
Sous le ciel vaste, un ciel couvert de la fin d'octobre, dix lieux de culture étalaient en cette saison les terres nues, jaunes et fortes, des grands carrés de labour qui alternaient avec des nappes vertes des luzernes et des trèfles, et cela, sans un coteau, sans un arbre, à perte de vue, se confondant, s'abaissant, derrière la ligne d'horizon, nette et ronde comme une mer…
Et rien d'autres que trois ou quatre moulins de bois, sur leur pied de charpente, les ailes immobiles. Des villages faisaient des îlots de pierres ; un clocher au loin émergeait d'un pli de terrain, sans qu'on vît l'église, dans les ondulations de cette terre de blé.
Mais Jean se retourna, et il repartit avec son balancement, la main gauche tenant le semoir, la droite fouettant l'air d'un vol continu de semence...
De toutes parts on semait : il y avait un autre semeur à gauche, à trois cents mètres, un autre plus loin, vers la droite, et d'autres encore s'enfonçaient en face dans le lointain fuyant des terrains plats. C'étaient de petites silhouettes noires, de simples traits de plus en plus minces, qui se perdaient à des lieues. Mais tous avaient le geste, l'envolée de la semence, que l'on devinait comme une onde de vie autour d'eux. La plaine en prenait un frisson, jusque dans les lointains noyés, où les semeurs ne se voyaient plus.

Emile Zola-La Terre

29

Saint Saturnin
Quand l'hiver n'est pas pressé,
Il arrive pour la Saint André.

Personnage célèbre de nos terroirs

Né à Decize le 29 novembre 1890, Maurice Genevoix passe son enfance à Châteauneuf-sur-Loire. Grièvement blessé en 1915, il va tirer de la terrible épreuve des guerres de tranchées la matière des cinq volumes de *Ceux de 14.* Il se retire en Sologne et toute son oeuvre sera consacrée à la nature en val de Loire qu'il fait vivre avec une sensibilité, une justesse de ton et une humanité extraordinaire. On citera : *Rémi des Rauches*, *Raboliot*, prix Goncourt 1925, *La Boîte à pêche*, *Les Mains vides, Forêt voisine, Marcheloup, La Dernière Harde*… Il fut élu à l'Académie Française, le 24 octobre 1946 au fauteuil de Joseph de Pesquidoux. Il décède le 8 septembre 1980.

Truc et astuce

Pour imperméabiliser les chaussures en cuir, faire chauffer dans une casserole, 50 g d'huile de lin, 50 g de saindoux, 30 g d'essence de térébenthine, 30 g de graisse de mouton et 30 g de cire jaune, puis étaler ce mélange, tiède, sur le cuir avec un chiffon. Laisser sécher et frotter.

30

Saint André
Neige de Saint André,
Peut cent jours durer.

Recette de terroir

Le Petit Sarthois

Découper en quartiers des pommes reinettes du Mans et les faire sauter dans du beurre bien frais, avec du sucre pour caraméliser, puis les flamber au calvados. Les poser sur un fond de biscuit imbibé de calvados, et verser une crème à base de lait, de crème fraîche, de jaunes d'œufs battus avec du sucre, cuite comme une crème anglaise, Napper le tout avec de la gelée de pommes et de la crème fouettée. On peut compléter la présentation avec un caramel au cidre, parfumé au calvados.

Décembre

Sagittaire
23 novembre au 20 décembre

Le proverbe du mois
« Qui attend les souliers d'un mort risque d'aller pieds nus. »

1

Saint Eloi, Sainte Florence
Décembre de froid trop chiche,
Ne fait pas le paysan riche.

La plante du mois

La ronce
Elle pique, elle s'accroche mais elle peut être la meilleure amie de l'homme et combattre efficacement les maux de gorge et la toux.
Riches en tanins, ses feuilles sont prises en infusion ou en gargarisme à raison d'une poignée, sèches ou fraîches, dans une casserole d'eau bouillante. Certains recommandent la ronce pourvue de 3, 5 ou 7 feuilles, d'autres conseillent la ronce qui rampe. On peut sucrer avec du miel ou avec de la confiture de mûres ou de myrtilles. Le traitement doit durer le temps que dure le mal de gorge.

2

Sainte Viviane, Sainte Pauline
Tel Avent,
Tel printemps.

Charade percheronne

Mon premier est un premier jet
Mon second égale son ascendant
Mon troisième est un abatteur qui n'a pas bu
Mon tout est une affirmation locale à propos d'élevage

3

Saint François Xavier
Tonnerre en Décembre
Abondance pour l'an qui vient.

4

Sainte Barbe, Sainte Barbara
Lorsque le tonnerre tombera,
Sainte Barbe te gardera.

Recette de terroir

Les Poilettes fertoises

3 kg de viande prise dans les côtes du porc, avec le gras, le maigre et les os, 50 g de sel, 2 verres d'eau, 1 feuille de laurier, 1 clou de girofle, 1 cuillerée de poivre moulu, 1 cuillerée à café de muscade râpée.

Retirer la couenne du lard, désosser la viande et la couper en petits dés.

Mettre les morceaux de viande dans une marmite, avec les os et la couenne. Ajouter le sel, le laurier, le clou de girofle. Verser l'eau.

Porter rapidement à ébullition à couvert, puis laisser cuire à découvert, pendant 6 h, en remuant souvent, afin que la viande n'attache pas,

En fin de cuisson, retirer les couennes et les os et écraser la viande avec un pilon. Verser chaud dans des pots en grès. Laisser refroidir à l'air et couvrir de papier sulfurisé. Servir avec des tranches de pain grillé bien chaudes.

C'est une variante des rillettes, un peu plus épicée.

Histoire de poules

Aller à pas de poule, Avoir la chair de poule, Courir la poule, Etonné comme une poule qui a trouvé un couteau, Etre empêché comme une poule à trois poussins, Faire la bouche en cul de poule, La poule ne doit pas chanter devant le coq, Qui naît poule aime à gratter, Rebiffé comme la poule à gros Jean, Tuer la poule aux œufs d'or, Le renard est pris, lâchez vos poules, Quand les poules auront des dents, Se coucher comme les poules, Y'a pas de bon Dieu pour les poules…

5

Saint Gérald
Il faut des Avents froids et secs,
Si l'on veut boire sec.

Le langage des fleurs

Le chèvrefeuille
« Attachement éternel, lien d'amour »
La légende dit qu'il aura surgi du tombeau d'Abélard et Héloïse, symbolisant ainsi l'union indissoluble des amants dans la vie éternelle.

6

Saint Nicolas
Saint Nicolas fait les bons mariages,
Guérit la fièvre et la rage.

Saint guérisseur

Saint Nicolas est prié pour la guérison des maladies nerveuses, la santé des enfants et pour que « Saint Nicolas marie les filles avec les gars ».

Saviez-vous

La paléographie déchiffre les écritures anciennes, la diplomatique étudie les lettres, diplômes et titres, l'épigraphie les écrits sur pierre, bois et métal, la sigillographie traite de l'étude des sceaux sur les documents. La vexillologie étudie les drapeaux et étendards et la généalogie traite de l'origine et affiliation des familles. L'héraldique interprète les blasons et les armes et les droits nobiliaires règlent l'exercice de la noblesse ?

7

Saint Ambroise
A la Saint Ambroise,
Du froid pour huit jours.

8

Immaculée Conception
Lorsqu'il pleut le jour des noces,
Bientôt les époux se rossent.

Le saviez-vous ?

C'est à Dourdan qu'est décédé, le 7 décembre 1845, un personnage célèbre du nom de Roustan qui fut le valet de chambre mameluck que Bonaparte avait ramené de sa campagne d'Egypte.

Charade percheronne

Mon premier est un félidé
Mon second appartient à un primate
Mon troisième est le toast d'un seigneur à ses sujets
Mon quatrième représente 60 minutes au cachot
Mon tout est un monument dans une ville
importante du Perche

Tradition

Le bouilleur de cru

Autrefois, au fur et à mesure que les fruits « tournaient » pommes, poires, pêches ou prunes et tombaient sous les arbres fruitiers, mon grand père les récupérait pour les mettre dans un tonneau propre. Il récupérait aussi à part le marc de raisin. Quand le tonneau était plein, il remuait avec un bâton, et laissait les fruits fermenter. Cette préparation servait à faire de l'eau-de-vie, distillée par le bouilleur de cru lors de son passage.
« L'acquit », transmissible de père en fils, habilitait les producteurs fruitiers et propriétaire de quelques rangs de vigne à faire distiller une partie de la récolte sans excéder un résultat de 20 litres d'eau-de-vie. Depuis 1953, ces droits ne sont plus transmissibles. C'est ainsi que d'année en année, les bouilleurs de crus disparaissent.

collection Michele Gilles

9

Saint Pierre Fourier
Neige devant Noël,
De cent écus nous régale.

Personnage célèbre de nos terroirs

Né à Mortagne-au-Perche d'un père vétérinaire, Emile Chartier, dit Alain, fut boursier au lycée Michelet avant d'entrer à l'Ecole Normale Supérieure et de passer l'agrégation de philosophie. Alain, ce nom évoque le journaliste, l'écrivain, l'essayiste, le moraliste mais surtout le philosophe. Il enseignera pendant vingt ans dans la khâgne du lycée Henri IV où son influence fut considérable.

10

Saint Romaric, Sainte Eulalie
Soleil qui rit à saint Eulalie,
Promit du cidre à la folie.

Le Perche

Frontière entre Beauce et Normandie, situé entre Mortagne dans l'Orne et la Ferté Bernard dans la Sarthe, le Perche se situe aux confins de l'Orne, de l'Eure-et-Loir, du Loir-et-Cher et de la Sarthe. Cette belle région, historique, vallonnée, a pour centre la vallée de l'Huisne, charmante petite rivière qui arrose la capitale du cheval percheron, Nogent-le-Rotrou.

11

Saint Daniel, Saint Damase
Plus il neige moins il grêle.

La bonne lune dans les bois

Pour avoir de bonnes planches il faut abattre les arbres en lune décroissante, principalement en décours de décembre.
Jusqu'en 1950 les bûcherons s'installaient avec leur famille dans les forêts proches des lieux d'abattage et de façonnage.
Ils construisaient alors leurs habitations avec des branchages, des fagots une épaisse couche d'argile et des mottes de gazon. Selon les régions elles portaient le nom de *loge*, *cul loup* ou *balai* comme en forêt de Bercé.
Sur ces lieux de vie qui rassemblaient des familles entières avec femmes et enfants, de nombreux corps de métiers se succédaient tout au long de l'exploitation des coupes sous l'œil vigilant et la responsabilité des gardes-forestiers.
Passaient d'abord les *fagotiers* qui nettoyaient les coupes de tous bois morts et rejets puis se succédaient *élagueurs*, *émondeurs*, *bûcherons*, *débardeurs*, *charbonniers*, *méraindiers*, *scieurs de long*, *écorceurs* (ils fabriquaient le pelard pour les tanneries) ou encore *balaitiers.*

12

Sainte Constance
Neige d'avant Noël,
Vaut fumier pour le seigle.

Le châtaignier

Autrefois dans les campagnes, on prêtait une attention toute particulière au châtaignier. En effet, les châtaigneraies proposaient l'hiver leurs fruits qui pouvaient être consommés par les hommes ou les animaux, frais ou en farine. Les feuilles servaient à faire la litière des animaux. Le bois permettait de fabriquer les cercles et les merrains des tonneaux, les piquets de vigne, les lames de parquet et les meubles.

13

Sainte Luce
A la Sainte Luce,
Le jour croît d'un saut de puce.

14

Sainte Odile, Saint Nicaise
Si Décembre est sous la neige,
La récolte se protège.

Tradition

La cave dans le roc

On fera halte à l'entrée d'une de ces caves saines et fraîches que le vigneron, en même temps souvent que sa propre demeure, a taillée à même le roc. Si c'est peu après les vendanges - elles sont très tardives après les premières gelées, quand la grappe est atteinte de la « pourriture noble » - on verra, bien alignés, avec leurs cercles où éclate l'osier neuf, les tonneaux lourds et trapus pleins de l'ardente boisson ; on les verra, tels des bébés repus aux lèvres desquels perle dans leur sommeil la goutte du lait maternel, baveux d'une écume qui mousse par la bonde.

Sur le sable fin, bien ratissé, c'est dans un coin les grosses pièces de bois du pressoir, puis les cuves ventrues, les hottes au repos et sur tout cela flotte l'odeur saine de la vendange fermentant qui persiste. Dans le lointain résonnent les échos des maillets sur les douelles et le bruissement nerveux et glissant des doloires (1) mordant dans le merrain souple et pourtant résistant.

A la pipette on déguste le vin de chaque tonneau ; avant les gelées d'hiver, qui seules le clarifient, c'est un liquide laiteux « la bernache », doux à boire et qui semble parfaitement innocent. Pourtant qu'on se méfie ! Pour peu que le vigneron soit un peu malin – et ils le sont quasi tous – pourvu que la cave soit bien garnie et le cru généreux, il aurait vite fait de vous faire perdre tout sang- froid.

Mais voici que le maître du lieu s'est dirigé vers un des caveaux qui prennent naissance dans le pressoir-cellier, tels dans les bas-côtés des cathédrales, les chapelles. Après onction, comme un lettré entre-baille la bibliothèque préférée où s'étagent les auteurs de choix, il a ouvert une porte vétuste, luisante de traces d'escargots, et voici le sanctuaire où repose, dans la paix du coteau, à cent pieds dans le sol qui l'a nourri, le vin des grandes années.

On débouche, on déguste.

L. Mirault

(1) Outil de tonnelier

15

Sainte Ninon, Saint Mesmin
Quand Décembre est froid et que la neige tombe,
D'une année féconde, tu peux avoir foi.

Personnage célèbre de nos terroirs

Né à Fresnay-sur-Sarthe, en 1864, Georges Durand est l'un des principaux promoteurs de l'automobile dans la Sarthe. Il a organisé le premier grand prix de France en 1906, fondé l'Automobile Club de l'Ouest et les 24 heures du Mans qui se disputèrent les 26 et 27 mai 1923 avec 17 voitures dont 15 françaises. On connaît la suite.

16

Sainte Alice
Pendant les Avents
Pluies, vents et froids cuisants.

Remède de grand-mère

La nèfle
Elle est mûre lorsqu'elle est blette.
Contre la dysenterie, faire bouillir pendant 45 mn dans 1 litre d'eau 1 kg de nèfles et 800 g de sucre.
Répartir la compote obtenue dans des petits flacons hermétiquement fermés. Prendre le contenu de chaque flacon le matin à jeun en excluant toute nourriture dans la matinée. Contre le lumbago, boire chaque matin, à jeun, un verre de vin blanc dans lequel on fait macérer des noyaux de nèfles finement pilés à raison d'une poignée par litre.

17

Saint Gaël
Si l'hiver est chargé d'eau,
L'été n'en sera que plus beau.

Le temps qu'il a fait

Le 17 décembre 1989 une ligne d'orages traverse la Beauce et le Bassin Parisien avec de très fortes pluies, des chutes de grêle et de violentes rafales de vent comprises entre 110 et 130 km/h. Les oeuvres du musée de Dreux sont endommagées.

Truc et astuce

Avant la première utilisation, ma grand-mère frottait longuement les plats en terre et les cocottes en fonte avec de l'ail, à l'extérieur et à l'intérieur, puis les graissait avec une couenne de lard.

18

Saint Gatien
En hiver au feu,
Et en été au bois et au jeu.

Tradition

Le Perche est la région d'élevage depuis plusieurs siècles d'un superbe cheval de trait, le Percheron.
Ce cheval, à la stature imposante (il peut peser 1 tonne), garde néanmoins une certaine élégance. Solide, charpenté, musclé, puissant, travailleur infatigable, il a toujours été au service des gens pour tirer les machines, les carrioles, transporter les hommes, effectuer les travaux des champs. Aujourd'hui, il est davantage devenu un compagnon d'agrément et de loisirs dans les fêtes traditionnelles. Il est encore utilisé dans certaines régions pour le débardage des bois en forêts.

Charade percheronne

Mon premier fait la manche
Mon second connaît
Mon troisième fait de petits trous
Mon quatrième te lasse
Mon cinquième finit triste
Mon sixième reconnaît
Mon tout (1881-1958) fut
inspiré au château du Tertre, dans le Perche

19

Saint Théophile
Qui plante en Avents,
Gagne un an de temps.

Tradition

La « cosse de nau »

De tradition berrichonne, le « cosse de nau » était un tronc d'arbre bénit le soir de la veille de Noël et mis en place dans les cheminées du paysan berrichon. Les cendres conservées d'une année sur l'autre protégeaient les maîtres des lieux si celles-ci étaient placées sous leur lit.

20

Saint Dominique, Saint Philogone
Hiver rude et tardif,
Rend le pommier productif.

Recette de terroir

Rouelle de veau à la mancelle

1 kg de jarret de veau coupé en rondelles, 75 g de beurre, 250 g de champignons, 4 chipolatas, 350 g de marrons au naturel déjà cuits, 20 g de farine, 1 verre de vin blanc sec, 1 verre d'eau, bouquet garni, sel, poivre.

Faire dorer les rouelles dans une cocotte puis les retirer, Saupoudrer de farine, laisser prendre couleur puis verser le vin blanc, l'eau, la viande, le bouquet garni, sel, poivre, remuer avec une cuillère en bois puis couvrir et laisser cuire à feu doux pendant 1 heure environ.

Faire sauter les champignons et les chipolatas 5 mn avant la fin de la cuisson. Ajouter le tout à la viande et couvrir pour terminer la cuisson.

Egoutter les marrons, les réchauffer doucement en ajoutant 1 noix de beurre. On peut ajouter 1 cuillère de crème en fin de cuisson.

Servir la viande entourée des champignons, marrons et chipolatas avec un vin des Coteaux du Loir.

Vendôme

21

Saint Thomas
Pour Saint Thomas
Tue ton porc, maigre ou gras.

Le temps qu'il a fait

L'hiver de 1879-1880 fut un des plus rigoureux. Au mois de décembre 1879 la Seine fut entièrement gelée dans toute la traversée de Paris. A certains endroits, l'épaisseur de la glace dépassa 50 cm. Des montagnes de neige s'amoncelaient dans les rues jusqu'à atteindre une masse de 15 millions de m3. La ville de Paris dut engager 15000 hommes, louer 2 000 tombereaux et 4 000 chevaux pour déblayer toute cette neige.

22

Saint Flavien
Autant de jours d'hiver passés,
Autant d'ennemis renversés.

Tradition

Le chocolat à Blois

Jusqu'au début du 19ème siècle, le chocolat était considéré comme une drogue et fabriqué dans l'arrière boutique des confiseurs ou même des épiciers. A l'aide d'un cylindre d'acier ou d'une meule en granit, on broyait grossièrement les fèves de cacao et on les mélangeait avec du sucre.
Il fallut attendre 1825 pour voir se fonder la première fabrique de chocolat, et la première machine à chocolat ne date guère que de 1850.
Celui qui introduit la nouvelle industrie à Blois, Auguste Poulain, fils d'humbles cultivateurs, était né à Pontlevoy dans le Loir-et-Cher, le 11 février 1825 : à l'âge de neuf ans il débutait comme apprenti épicier chez un commerçant de Bléré (Indre-et-Loire). Après un passage à Paris chez un autre épicier, il revient à Blois en 1845 comme commis chez un confiseur dont il épouse la fille. Il créé en 1862 sa première usine. On connaît la suite...

23

Saint Armand
Décembre prend,
Mais jamais ne rend.

Le langage des fleurs

Le houx

« Défense »

Il doit ses lettres de noblesse aux services rendus à la Sainte Famille qui fuyait les massacres d'Hérode. Joseph, Marie et Jésus furent contraints de se réfugier en Egypte. Pour les protéger, des miracles jalonnèrent leur parcours.

Le palmier baissa ses branches et offrit ses fruits et de ses racines jaillit une source. Le houx, à son tour, étendit ses branches pour cacher la Famille à l'approche des soldats. Pour le remercier, Marie bénit le houx et lui promit qu'il resterait toujours vert, symbole d'immortalité.

« Des branches de houx, placées en croix sur une taupinière, éloignent les taupes pour deux jours. »

24

Sainte Adèle, Saint Emilien
Pluie pour Noël, soleil pour les Rameaux.

Tradition

La Veille de Noël, après le repas du soir dans les fermes, on balayait la place du foyer de la cheminée. Par ce geste, on indiquait que l'année s'achevait et que le soleil qui éclairera à nouveau la maison ne trouvera sous ses rayons aucun grain de poussière.

La maîtresse de maison met alors une souche sur les chenêts puis prend une bouteille d'eau bénite et un brin de buis bénit le jour des Rameaux. Elle asperge longuement le feu qui vient d'être allumé de manière que la première flamme soit saisie par l'eau.

25

Noël
Quand Noël est étoilé,
Force paille, guère de blé.

Tradition

Autrefois, à minuit, à Noël, selon une vieille tradition, les animaux parlaient comme les grandes personnes.
On raconte qu'un vacher refusa de donner le picotin à ses bêtes. Il alla se coucher auprès d'elles pour voir ce qui pourrait se passer.
Au douzième coup de minuit, quand les bêtes pouvaient parler, il entendit un bœuf dire à son voisin :
« Que ferons-nous demain ? ».
- Demain, répondit l'autre, nous enterrerons notre maître ! »
Et c'est ce qui arriva !

26

Saint Etienne
A la Saint Etienne,
Chacun trouve la sienne.

Quel temps pour demain ?

Le calendrier des oignons
On coupe six oignons par le milieu, on place les morceaux tranche dessus (chacun représente un mois de l'année à venir). Lorsque la cloche de Noël sonne les douze coups de minuit, on dispose sur chaque morceau une pincée de sel...A la sortie de la messe, ceux dont la tranche est mouillée correspondront aux mois humides.

Le temps qu'il a fait

Le 25 décembre 1962 c'est Noël blanc à Paris, les températures minimales descendent jusqu'à -8°7 à Lorient. En 1983 c'est Noël au balcon à Saint-Etienne, avec 20°2 à l'ombre l'après-midi. 1985, Noël insolite ! Un orage éclate à Dreux et une tornade traverse Pontlevoy (Loir-et-Cher). En 1993 la Beauce et Chartres se réveillent sous 4 à 5 cm de neige.

27

Saint Jean apôtre
A Noël les mouchcrons,
A Pâques les glaçons.

28

Saints Innocents
En Décembre les pieds dans la cendre.

Recette de terroir

Civet de lièvre

1 beau lièvre, 2 bouteilles de vin rouge fruité et corsé, (Sancerre, Chinon, Bourgueil, Gamay Touraine...), 1 dcl d'huile, 200 g de lard demi-sel coupé en dés, 2 à 3 cuillerées de farine, 30 petits oignons, 3 ou 4 gousses d'ail, 1 bouquet garni, sel, poivre en grains.

Découper le lièvre en 20 morceaux environ et les faire mariner 24 heures dans le vin avec le bouquet garni les oignons, le poivre et l'ail.

Faire rissoler dans une poêle avec l'huile les 200 g de lard puis les enlever et les remplacer par les oignons, l'ail, les morceaux de lièvre et bien les faire rissoler, c'est essentiel.

Ajouter la farine, faire blondir le tout et ajouter les 2 bouteilles de vin.

Verser le sang réservé et bien délayé pour obtenir une sauce onctueuse sans grumeaux.

Saler, poivrer, bouquet garni, lardons et laisser mijoter 2 à 3 heures à feu doux. Il faut que ça mijote, c'est important.

Servir chaud avec des pommes de terre mises à cuire à mi-cuisson.

C'est souvent meilleur le lendemain, faire réchauffer pendant une bonne 1/2 heure à feu doux avant de servir.

La Ferte St Bernard

29

Saint David, Sainte Eléonore
Les douze jours entre Noël et les rois,
Indiquent le temps des douze mois.

30

Saint Roger, Saint Sabin
Si la lune de Noël est bien en lune,
Il n'y aura pas de prunes.

31

Saint Sylvestre
A la Saint Sylvestre, les jours croissent d'un pas de maître.

	1	2	3	4	5	6	7	8	9	10	11
A											
B					■		■			■	
C									■		
D					■	■					
E											
F		■		■				■			
G					■			■			■
H											
I						■					■
J				■	■					■	
K											

Horizontalement :

A : château à Frazé, dans le Perche. **B** : arme ; débris. **C** : fabriquâtes - à moi. **D** : prénom féminin - conjoints ou déçus. **E** : papillon. **F** : perroquet - à Combray (Illiers, dans le Perche, vu par Proust). **G** : évité de peu - négation ; note. **H** : poète du Perche (1528-1577). **I** : philosophe né à Mortagne - endroit. **J** : ce Henri-là fut assassiné - pas de peau. **K** : commencées.

Verticalement :

1 : jardins à visiter au cœur du Perche. **2** : en bon dépositaire - le H utilisa probablement ce support. **3** : retirait, par exemple, les Mémoires de Saint-Simon, chroniqueur percheron. **4** : ver en vrac ou faute de grammaire - dans la tuilerie. **5** : supplément d'affirmation - quatre-heures. **6** : habille ; département du Perche - aïeul phonétique. **7** : naturaliser. **8** : calculât - prénom féminin. **9** : champion - rebâties. **10** : écrivain, hôte du Chêne vert, en Perche. **11**: ouvrir

Mots croisés

Page 23 - Berry

Horizontalement0

A : snoba B : pellevoysin C : ron D / : tr – agacer E : nohant – sola F : thématique G : ti – eve H : moisissures I : preuve – rau J : sancerrois K : ns - salettes

Verticalement

1 : printemps 2 : geo 3 : luthérien 4 : ram – suc 5 : nes – natives 6 : ov – atisera 7 : borg – rl 8 : ay – asq – uroe 9 : secouerait 10 : mi – éleveuse 11 : unira - es

Page 39 - Vendée

Horizontalement

A : chouannerie B : oe – vermeil C : luttas – bp D : oan – saur E : mon – tourbes F : nid – qlsi G : éternuiez H : raleur – ecra I : imxe – ravi J : une – païen K : maraichines

Verticalement

1 : columbarium 2 : heu – na 3 : tonnelier 4 : ta – item 5 : avantdeux 6 : nes – rre 7 : nr – ph 8 : embarquerai 9 : républicain 10 : ii – réservée 11 : élu - sizains

Page 56 - Saintonge

Horizontalement

A : costumerons B : huître – écru C : aigo – spp – b D : remorquâmes E : esa : ouira F : cuistres – G : talonnaient H : agde – rn I : if – tanin J : salariaient K : ex - chaussée

Verticalement

1 : charentaise 2 : ouies – fax 3 : sigma – la 4 : ttoo – cognac 5 : ur – round – rh 6 : mesquine – ia 7 : puisa – tau 8 : répartirais 9 : oc – marennes 10 : nr – en – ine 11 : subsistante

Page 74 - Poitou

Horizontalement

A : pigouillera B : guidon C : ormes - bru D : debourasse E : uval - ni - el F : cedee - farci G : tra - paire H : neuve I : futuroscope J : ss -eu - rit K : accrediter

Verticalement

1 : productif 2 : rêver - usa 3 : gambadant 4 : éole - eu 5 : su – épurer 6 : ig – rn – avoue 7 : lubrifies 8 : lira - ar – cri 9 : edus – revoit 10 : ro – sec – apte 11 : angélique

Page 90 - Normandie

Horizontalement

A : jeannedarc B : ucm - ut –id C : somme – érode D : duos – tueurs E : etna – heures F : pei – be G : oratorien H : verrait I : maupassant J : epeire- item K : sis - utile

Verticalement

1 : jusdepommes 2 : écouter – api 3 : ammoniaques 4 : msa – pi 5 : nue – bovary 6 : thérèse 7 : eue – irs 8 : abreuverait 9 : our – nanti 10 : cidre – itel 11 : dessert – me

Page 107 - Touraine

Horizontalement

A : saintemaure B : ail – am C : ir – bourbons D : rogatoir E : trial – iie F : guano – et G : ds – emoi H : tutoyer – ile I : irrationnel J : ena – entee K nécessité

Verticalement

1 saintgatien 2 : air – ru- urne 3 : il – ria – trac 4 : boan – oa 5 : troglodytes 6 : ua – seins 7 : martin – roti 8 : amboise – net 9 : oie – minee 10 : nr – éole 11 : essentielle

Page 123 - Beauce

Horizontalement

A : moissonneur B : ranci – usa C : chartres – et D : hu – er – tri E : implorant F : nela – ai G : iras – et – an H : saisonnière I devitrail J : émane – eu K : suit – perche

Verticalement

1 : machinismes 2 : humera – mu 3 : ira – plaidai 4 : sarclassent 5 : snt – ove 6 : ocrera – ni 7 : nieraient 8 : tirer 9 : eu – ttc – eauc 10 : user – ari 11 : rationnelle

Page 138 - Bretagne

Horizontalement

A : alignements B : œuf – chu C : morbihan – op D : eig – anne E : ridée – âne F : ino – ut – mv G : carnac – ei H : eu – sans I : irritai – phi J : nia – om – trio K : saintpatern

Verticalement

1 : armoricains 2 : ina – ria 3 : redorerai 4 : gobie – nui 5 : neigera – tot 6 : euh – champ 7 : mfa – au 8 : nantes – tt 9 : nc – ne – apre 10 : thon – menhir 11 : supervision

Page 155 - Sologne

Horizontalement

A : boulangère B : abrègent C : campagnarde D : habitueraient E : va – ah F : raboliot – bo G : ahoui – ols H : eux – bec I : énerve – peso J : numérotai K : éleveur

Verticalement

1 : bécheraient 2 : aa – ah – nu 3 : mb – bohême 4 : lapinou – rel 5 : abat – lièvre 6 : nrgu 7 : genevoix – te 8 égara – pau 9 : rera – obeir 10 : endiablés 11 : stéthoscope

Page 171 - Anjou

Horizontalement

A : fontevraud B : ere-chagrin C : équilibrera D : ee E : brouilards F : per – aida G : anarchisant H : sot – ois – du I : champigny J : peine – émise K : pressente

Verticalement

1 : fee – bras – pp 2 : orq – nocer 3 : neuropathie 4 : uer – ans 5 : éclaircimes 6 : vhi – hop 7 : rabelaisien 8 : agréais – gmt 9 : ure – rda – nie 10 : dir – dandys 11 : nais – tu – en

Page 183 - Maine

Horizontalement

A : rillettes B : émoi – fugace C : animalerie D : ris – let E : su – menhir F : mayenne G : resta – te – st H : as – pua I : napoléonien J : unilingue K : épistolière

Verticalement

1 : réassurance 2 : imn – esa 3 : loir – ms –pui 4 : limitations 5 : as – ya – lit 6 : tfl – me – vélo 7 : tuilent – oil 8 : egéenne- nni 9 : sarthe – pige 10 : ce – sueur 11 : de – prytannée

Page 203 - Perche

Horizontalement :

A : ferté-vidame. B : épée - os C : usinâtes - ma. D : irma - maris. E : lépidoptère. F : ara - Cbr. G : Évit - ni - ré. H : rémi belleau. I : alain ; lieu. J : pelé. K : entreprises.

Verticalement :

1 : feuilleraie. 2 : epsre - vélin. 3 : réimprimait. 4 : tenai - tii 5 : da - bn 7 : vêt – orne- pp. 8 : empailler. 8-dosât ; lili. 9 : as - recréées 10 : mirbeau 11 : évaser - es.

CHARADES

Page 8
Là - Marot dit “ha” - bleu
La Mare au Diable

Page 16
Les crocs - teint de chat - vie - gnole
Les crottins de Chavignolles

Page 17
Lèpre - un temps - deux bourgeons - du suc - sait
Les Printemps de Bourges ont du succès

Page 25
Singe-île-croc-a deux vies
Saint-Gilles-Croix-deVie

Page 33
Sarre-dîne-alu-île
Sardine à l’huile

Page 37
Mare-Èbre-ton-vent-des Huns !
Marais Breton Vendéen

Page 45
Lézard-n2- sein-te
Les arènes de Saintes

Page 51
Lècha-paix-le rhum-âne
Les chapelles romanes

Page 53
D’Ève-R2-fit nœud-chant-pagne
Des verres de fine champagne

Page 60
Lard - hoche - aile
La Rochelle

Page 61
Dent - fer - roche - rôt
Denfert-Rochereau

Page 69
Fus-tu rosse ? - COOP
Futuroscope

Page 78
Tôt-nos 2 cales-va-d’os
Tonneau de calvados

Page 85
Beau cas-jeu-nord-ment
Bocage normand

Page 89
Laid – fa – lese- d’être- tas
Les falaises d’Etretat

Page 94
Hase-aile-riz-d’eau
Azay-le-Rideau

Page 101
La-devis-nièrent
La Devinière (Rabelais)

Page 104
Deux monts-treize-oral-hoche
De Montrésor à Loches

Page 115
Gaze-t-on-coup-thé
Gaston Couté

Page 118
La quat’-ai 2 râles-2 chars-très-du treize-y-aime
La cathédrale de Chartres est du treizième

Page 122
L’échanson-tout vert-dans la bosse
Les champs sont ouverts dans la Beauce

Page 127
Qui-bœufs ronds
Quiberon

Page 130
Lem-arrêt-de guerre-en deux
Les Marais de Guérande

Page 137
Hein-terre !-sel-tique-deux lots-riant
Interceltique de Lorient

Page 143
Bras - cône - âge
Braconnage

Page 145
Rome - or - an - thym
Romorantin

Page 152
À l’un - fournit - et
Alain Fournier

Page 157
D’où-se rend-je vis-ne
Douceur angevine

Page 161
Paon-preux-du sot-mu-roi
Pampre du Saumurois

Page 169
Art-dos-as de cœur
Ardoise de cœur

Page 175
Lève - un d’quatre - heurt - dûment
Les Vingt-Quatre Heures du Mans

Page 176
Loi - raie - Sarre - Théma - hyène
Loire et Sarthe et Mayenne

Page 184
Leçon-élu-mi-air du chat-tôt
Le son et lumière du château

Page 189
L’ébauche-vaut son père-cheron (bûcheron sans bu-)
Les beaux chevaux sont percherons

Page 192
Chatte-au singe-à nos gens !-l’heure au trou
Château St-Jean à Nogent-le-Rotrou

Page 197
Ro, parce que Ro quête (Roquette) – Ger, parce que Ger sait (j’essaie) – Mar, parce que Mar mite (marmite) – Tin, parce que Tin t’as marre (tintamarre) – Du, parce que Du meurt maussade (d’humeur maussade) – Gar, parce que Gar avoue (gare à vous)
Roger-Martin du Gard

La Plante du mois

Recettes de Terroirs

Le Langage des Fleurs

Personnages Célèbres

1934SH37

Remerciements

André Beau (biographe Talleyrand), Anne Marie et Yves Babonaux (géographes), Simone et Jean Bertier (maire honoraire de Vernou-sur-Brenne), Jean François Clémence (technicien ONF), Thierry Desnoix (artiste forgeron) Maison Gabillet (poissonnier), Anicet Gambini (les croqueurs de pommes), Michèle Gilles, Mme et M. Gauthier, Bernard Lefel, Norbert Ledru (bûcheron), Guy Louault (agriculteur), Bernard Masseau (bûcheron), M. Marin (apiculteur), Jean Louis Neveu (Cerdo à Parthenay), Jean Pénilleau (vigneron), Didier Raimbault (tonnelier), Monique Réau (les croqueur de pommes), Claude et Françoise Ribouillault (artistes, écrivains, collectionneurs), Raymond Rigoreau (jardinier), Benoît Roumet (Directeur BIVC), Jean Saintier (Les croqueurs de pommes), Micheline Sevault, Jacky Supligeau (vigneron), Michel Vautrelle (Les croqueurs de pommes), Oscar (compagnon d'atelier).

Un Grand Merci à :
Claude Ribouillault pour la création des Mots Croisés et des Charades.
e-mail : claude.ribouillault@wanadoo.fr

Conception, réalisation : Editions Vinarelle®
Aquarelles, dessins, textes : ©Yves de Saint Jean
Conception graphique : Editions Vinarelle®
Achevé d'imprimer sur les presses de Graphic 3 Valencia

e-mail : contact@vinarelle.com
www. vinarelle.com

Dépôt légal décembre 2004
ISBN 2-9511820-7-4

Achevé d'imprimer sur les presses de Graphic 3
-Valencia-
septembre 2006
info@graphic3sa.com
Imprimé en Espagne.